MW01681456

Fund

Книга издана при поддержке
Фламандского литературного фонда

This book was published with the support
of the Flemish Literature Fund.

www.flemishliterature.be

Серия
Встречное
движение

Els Beerten

Lopen voor je leven

Em. Querido's
Kinderboekenuitgeverij

Элс Бейртен

Беги и живи

Перевод с нидерландского
Екатерины Торицыной

Москва Самокат

УДК 821.112.5-343.4-93
ББК 84(4Нид)-442
Б41

Бейртен, Элс.
Б41 Беги и живи : [для старшего школьного возраста] / Элс Бейртен; пер. с нидерл. Екатерины Торицыной. — М. : Самокат, 2019. — 264 с. — (Встречное движение). — ISBN 978-5-91759-640-2.

Нор — талантливая бегунья, упрямая и целеустремленная. Ей восемнадцать, и все кругом, включая тренера, твердят одно и то же: рано сейчас бежать марафон, надо несколько лет подождать. Но Нор некогда ждать: ведь марафон — это ее жизнь, ее Эверест, на который она должна взойти. Как бы ни было трудно.
«Беги и живи» — книга о дружбе, о первой любви, о взрослении. И о том, как найти в себе силы, чтобы пережить утрату и не стать заложником собственного чувства вины.

ISBN 978-5-91759-640-2

И конечно, жене Лота не велено было оглядываться туда, где были все эти люди и их жилища. Но она оглянулась, за что я ее и люблю, потому что это было так по-человечески.

И она превратилась в соляной столб. Такие дела.

Курт Воннегут.
*«Бойня номер пять»**

* Перевод на русский язык Риты Райт-Ковалевой *(примеч. ред.)*.

42 195

Они сидят по ту сторону стола, перед каждым — стакан пива и стопка бумаг. На мой вопрос все трое качают головами. Бормочут то ли друг другу, то ли себе под нос: сумасшедшая.

Они так долго качают головами, что я им напоминаю: мне надо записаться, я хочу успеть разогреться перед соревнованием.

— Еще и наглая, — бурчит тот, что посередине.

Я молчу. Они прекрасно знают, что для женщин запрет на участие снят. И ограничения по возрасту тоже. Они обязаны меня допустить, будь мне хоть шесть лет.

Я терпеливо жду. Я давно приняла это решение. С бухты-барахты марафон не бегут.

— И упрямая, — нарушает тишину первый, который в середине. И вздыхает. Сигара между его мясистыми губами ходит вверх-вниз. Кукла с ярмарки. Снесите ей башку. У вас три попытки.

— А мышцы вроде ничего, — замечает второй, который сидит справа.

Поворачиваюсь к нему спиной, чтобы он мог оценить меня сзади тоже, спрашиваю:

— Все в порядке?

— И дерзкая, — вздыхает третий.

— А может, она еще всех обойдет, — опять высказывается первый.

И они втроем гогочут, аж заходятся. Мне неловко за них, и я отворачиваюсь.

— Она еще тут, — бормочет третий, догоготав. Я опять стою лицом к столу и, сжимая кулаки за спиной, пытаюсь сохранять спокойствие.

Они переглядываются и вздыхают.

— Где твой тренер? Почему сама записываешься?

— У меня нет тренера, — отвечаю я. — Точнее, есть, но он не готовил меня к марафону. Я сама.

Мне не хочется врать и придумывать, что Тони сегодня не смог прийти потому-то и потому-то.

Они смотрят на меня молча. Я не понимаю, что у них в глазах — восхищение, недоверие или жалость. Тот, что в середине, берет ручку, записывает мои данные и протягивает номер, который надо приколоть к футболке: 11. С этим номером я выиграла мое первое соревнование. Сегодня, конечно, не получится, зато с номером 11 я точно пробегу лучше, чем с каким-нибудь дурацким 86.

— Ты в первых рядах, — он откладывает ручку. — В смысле, из тех, кто записался, — тут же поправляется он. — Ты ведь знаешь, что в восемнадцать лет бежать марафон слишком рано?

— Слышала. — Я пожимаю плечами. — Но мало ли что говорят.

Первый кивает.

— Мало ли что говорят, — повторяет он. Это звучит примирительно.

— Не опоздай к старту, — говорит третий, — и становись сбоку, в сторонке, чтобы здоровые мужики сразу тебя не затолкали.

Я киваю.

— Ну, я пошла.

Все трое смотрят молча.

— Удачи, — наконец говорит первый. — А остальные пусть попадают. — И все трое начинают так энергично кивать, что я боюсь, как бы у них головы не поотваливались.

16 сентября 1977 года. Идет мелкий дождь, даже не дождь, а морось — и зонтик не нужен, и не жарко. Идеальная погода для бега.

На улицах Берхема — воздушные шары и нарядные киоски. Скоро мы побежим мимо всех этих людей и будем бежать и бежать, сколько хватит дыхания. А они будут пить пиво за наше здоровье и реветь «вперед» или «так держать».

Я выбрала себе место задолго до сигнала к старту — впереди, с краю. Мне не терпится начать.

Участников больше сотни, и среди них впервые — горстка женщин. Фавориты — несколько бельгийцев, один румын и англичанин. Рядом перешептываются, что с ирландцами тоже нужно держать ухо востро. Мне не нужно держать ухо востро. Это мой первый марафон. У меня одна цель — добежать до финиша, и если я добегу, то буду счастлива.

— Пять минут до старта! — Я оглядываюсь. Кругом одни мужчины, все старше меня.

Нас подбадривают, но крики теряются в шуме голосов и тонут в ярмарочной музыке. Но вот уже всё перекрывает голос из репродуктора: «Дамы и господа, соревнование начинается!» Я оглядываю обочину, никого не вижу. Но все равно знаю, что они там.

Я та, кто я есть, — ради Рози. И Маттиа.

И Линды.

И когда я бегу для себя, то бегу и для них.

Я кладу правую руку на живот и делаю вдох и выдох, как можно спокойнее. Левую руку кладу поверх правой и нащупываю свое кольцо настроения. Не удержавшись, опускаю глаза и вижу, что камень — черный. А чего я ждала?

Подходит человек с пистолетом. Звучит выстрел. И я срываюсь с места. Единственное, что сейчас важно, — бег. 42 195 метров. Яснее ясного.

Все толкаются по-черному. Я бегу, отставив локти, чтобы меня не отшвырнули в сторону. Мужчины сильные, но я тоже сильная. Я давно решила, что постараюсь продержаться в первых рядах, сколько смогу. Выносливость у меня что надо.

Когда-то я совсем не любила бегать.

Я всегда ездила на велосипеде. В школу, например. В смысле, в новую школу, в среднюю. Она далеко от нашей деревни. Есть автобус, но я редко в него садилась. Только когда шел сильный дождь или снег.

Когда едешь на велосипеде, волосы развеваются на ветру. Никто не толкается и не дергает. Нет этого противного запаха, от которого всю дорогу подташнивает. Нет запотевших окон, разрисованных сердечками и буквами, и не надо сидеть в этом аквариуме, где нечем дышать.

А на велике до школы — всего полчаса. Я разведала все дорожки, быстро разобралась, с какой скоростью можно ехать по тропинкам. Научилась читать землю. Видела, где надо ехать внимательно, чтобы не проколоть шину. Где можно разогнаться. Я узнала, что в сухую погоду колеса вязнут в песке, а если идет дождь, то в грязи. Лучше всего, когда не холодно и не жарко. Тогда дорога твердая, и по ней можно спокойно ехать.

Рози не любила долго ездить на велосипеде. Первый год она ездила в школу на автобусе. Когда не опаздывала, конечно. Но иногда она никак не могла встать, или ей нужно было еще причесаться, или одеться, или доделать домашку... Тогда мы вместе ехали на велосипедах. Каждый раз она жаловалась, что я еду слишком быстро, что у нее так спутаются волосы, и одежда съехала набок, и в школе от нее будет пахнуть пóтом.

Я иногда сердилась на ее нытье, а иногда только смеялась. Надо чаще тренироваться, говорила я, тогда не будешь так потеть. Она мне, естественно, не верила.

Смешнее всего было, когда метров за двести до школы она останавливалась, доставала зеркальце и расческу и начинала распутывать волосы. Она ворчала, что эти космы невозможно расчесать, и грозилась, что вот возьмет и отрежет их. Но не резала, конечно. Она же была самой красивой девочкой в школе из-за этих кудрей.

Она была моя соседка и к тому же моя лучшая подруга. Мы были вместе всю жизнь. А еще у нее был брат, Маттúа. Когда мне было десять лет, у нас с ним была любовь. Пока однажды я вдруг не поняла, что уже месяц его не видела — и ничего. И решила, что между нами все кончено. Не так уж и жалко. У меня ведь останется Рози.

Через год мы оказались в разных классах. Рози надоело учить латынь. А мне нет. Мне нравились истории, которые рассказывал учитель, а Рози хотела учиться тому, что ей понадобится в будущем. В школе было направление домоводства, туда Рози и пошла. В жизни пригодится, сказала она.

Меня восхищало, как Рози с самого начала понимала, чего она хочет от жизни.

Сама я о будущем не задумывалась.

В новом классе Рози быстро завела себе подружек. Очень скоро вокруг нее уже порхала стайка девочек, и так они и порхали вместе целыми днями, пока не расходились по домам. У всех этих девочек были заколки и ленточки в волосах. А как они все вместе визжали! Будто их все время кто-то щиплет.

И Рози визжала с ними вместе. Первое время я не верила своим ушам. Визжат ведь только дурочки. Мы с Рози никогда не будем визжать, мы давно пообещали это друг другу, скрестив пальцы. Мы не будем такими, как они.

Или не обязательно держать все обещания всю жизнь?

На большой перемене мы гуляли на разных площадках, но иногда она приходила ко мне поболтать. Вместе со своей стайкой. Мне было приятно, что она специально разыскивает меня на площадке среди всей этой беготни. Когда она не приходила, я повторяла уроки на вторую половину дня. Вдоль стены стояли скамейки, где в стороне от всех можно было спокойно позаниматься.

Была середина ноября. Рози заболела — ее мама попросила передать это учителям. На большой перемене ко мне пришли ее подружки: а где Рози? Может, я все принесла?

— Что принесла?

— Ты что, не знаешь?

— Про что не знаю?

— Про шоколадки, — ответили они. — Рози каждый день приносит шоколадки. На всех.

— Шоколадки?

Они уставились на меня, как будто я глухая. Или недоразвитая.

— Ну да, шоколадки. ШО-КО-ЛАД-КИ. Ведь у вас в деревне есть этот большой магазин, где все дешево. Рози говорит, десять шоколадок стоят как две. Двадцать леденцов вообще ничего не стоят. Рози покупает там что-нибудь каждый вечер. А утром нас угощает. Скажи ей, что нам ее не хватает. Она точно ничего с тобой не передавала?

У нас в деревне не было большого магазина, где все дешево. Мы покупали конфеты и шоколад в газетном киоске, и шоколадка там стоила как шоколадка, а леденец как леденец. Кто-то врет: или они мне, или Рози им.

Я покачала головой.

— Нет, — ответила я.

— Что нет?

Ничего нет. Пусть сами потом спрашивают у Рози, если не верят.

Они стояли вокруг меня кружком, все в заколочках, ленточках и бантиках. И в цветочных духах.

— Точно? — опять спросили они.

Я кивнула. Их цветочные духи проникли в меня через ноздри, и теперь мой желудок из-за этого подступал к горлу.

— Поверим ей?

Они подошли еще ближе. Что Рози в них нашла? Зачем она приносит им сладости? Я толкнула стоящую передо мной девчонку. Она завопила и оглянулась на остальных, ища поддержки.

— А-а-а, мне больно! Пусти меня, пусти!

А я ее и не держала. Я шагнула — и они тут же расступились. Теперь я могла спокойно уйти. И я пошла, как можно медленнее, хотя внутри у меня все дрожало. Не надо бояться, ничего со мной не произойдет. Но меня все равно била дрожь.

— Правильно Рози говорит, что ты дура, — крикнули они мне вслед. — Дура! Дура!!!

К счастью, я их не слушала.

На следующий день Рози уже поправилась. Она ждала меня перед своим домом.

— Такая холодрыга, а мы на велосипедах, — буркнула она.

— Поезжай на автобусе, — ответила я.

— Автобус уже ушел, — вздохнула она.

Тут я заметила ее рюкзак. Он был привязан к багажнику, за портфелем. Незаданный вопрос горел у меня на губах. Потом, решила я. По дороге. Когда найду нужные слова.

Мы долго ехали молча. А потом мой вопрос выскочил сам собой:

— Запасы свои не забыла?

Она посмотрела на меня удивленно.

— Какие запасы?

— Шоколада и конфет, — ответила я. — У тебя же их много. И все так дешево.

— Откуда ты знаешь?!

— Они мне рассказали. Соскучились по тебе.

— Ну и хорошо, — сказала Рози.

— Эх, Рози.

Она помолчала. А потом сказала:

— Мне нравится это делать.

— Угощать всех конфетами?

— Дарить подарки, Нор. И для тебя тоже найдется шоколадка, сейчас, подожди.

— Не нужна мне твоя шоколадка.

Она потянула меня за рукав:

— Эй, Нор, давай не так быстро. Я за тобой не успеваю.

— Зачем ты им врешь? У нас в деревне нет магазина, где все дешево. Все это стоит кучу денег.

— А меня не волнуют деньги! И вообще, в магазине полно шоколадок. Одной больше, одной меньше...

Что она несет? Я не могла поверить. Я резко затормозила.

Рози тоже. Еще не отдышавшись, она сказала:

— Наконец-то остановились. Подожди, сейчас достану тебе шоколадку. От них не убудет! — И улыбнулась.

У меня в глазах защипало.

— Не нужна мне эта дрянь. Отдай своим любимым подружкам.

— Ты чего? Ревнуешь, что ли?

— Я все поняла, Рози. Ты все это воруешь.

Она смотрела на меня, открыв рот. Как будто я произнесла что-то ужасное.

— Ты же сама только что призналась, — сказала я.

— Ну и что? — Она намотала длинную прядь на палец, а кончик сунула в рот. Как большой пупс. — Почему ты вечно строишь из себя святошу? Думаешь, ты лучше всех? Да ты просто трусиха, Нор. Сама небось тоже мечтаешь воровать шоколадки. Все так делают. Может, ты уже и пробовала. Может, даже не раз.

Я вскочила на велосипед. Я ни разу в жизни не воровала. Лишь однажды я сделала то, чего нельзя было делать. Больше такое не повторится, никогда.

И я вовсе не думала, что я «лучше всех». С чего она это взяла? И разве ей не все равно?

Я уехала. Ей ни за что меня не догнать.

В тот день она ждала меня после школы, но я проехала мимо. Я слышала, как она меня зовет, но не обернулась.

У дома я швырнула велосипед к стене. Сказала, что не хочу есть. Тогда мама спросила, что случилось.

— Ничего, — ответила я и сразу поднялась в свою комнату. Делать уроки. Учиться.

Уроки я сделала, всё выучила, но в голове у меня крутилось все то же: Рози. Рози и ее шоколадки. И стайка ее подружек. И эта ее «храбрость». Мне такая храбрость не нужна.

И еще там была Линда, в моей голове. Весь день, с самого утра. Линда вернулась. И теперь у меня в голове совсем не осталось места. Будто там у меня полнаселения земного шара.

Я сбежала по лестнице, вылетела за дверь и остановилась в саду.

Было холодно. Я помню. Помню еще, что мне хотелось оказаться где-нибудь в другом месте. Очень быстро и очень далеко. Я поискала глазами велосипед, но не нашла. И побежала. В сторону леса. Пробежала мимо домика на дереве, точнее, того, что от него осталось. Направо, налево, еще раз направо, и очутилась на футбольном поле.

Было темно. Вокруг поля стояли прожекторы, но они не горели, потому что в тот день не было тренировки.

Светила полная луна. Мне нужна была дорога, по которой можно бежать и ни на что не натыкаться, и я ее нашла. Я обежала вокруг футбольного поля несколько десятков раз. Прямо, потом поворот и опять прямо. Начало становится концом, конец становится началом. Ноги несут меня, и я становлюсь легкой как перышко. Ветер треплет мне волосы, свистит в ушах, влетает в рот и в ноздри, обвивается вокруг моего сердца, оно бьется размеренно, и я бегу еще быстрее. Парю над землей.

Кто-то машет мне рукой. Кто-то зовет меня по имени. Это папа, он на той стороне поля. Я узнала его, только когда почти до него добежала. Он расставил руки, но не затем, чтобы подхватить меня, как раньше, а просто чтобы остановить.

Я остановилась. Я даже не сильно запыхалась.

Он сказал, что они меня уже несколько часов как потеряли. Что сейчас слишком темно, чтобы бегать тут одной. В глазах у него стояли слезы. Больше никогда так не делай, не убегай из дома без предупреждения. Хорошо?

Я хотела сказать, что мне уже тринадцать и что я очень осторожна. Что не стоит беспокоиться. Но промолчала. Дала себя обнять, чуть ли не сжать в объятиях.

— Ты хорошо бегаешь, — сказал он потом.

— Это было здорово, пап, — сказала я со вздохом.

— Давай, пойдем уже домой.

Он так и не снял руку с моего плеча, и мы шли до самого дома в обнимку.

Во всех комнатах горел свет, а на пороге стояла мама, держа перед собой Тео, моего восьмилетнего брата. Неужели так бывает каждый раз, когда меня нет дома?

Мама закрыла за нами дверь.

— Ты, наверное, ужасно проголодалась, — сказала она. Не дожидаясь ответа, она поставила передо мной тарелку, от нее поднимался пар. Мы сели за стол — я между папой и Тео. Я почувствовала на себе взгляд брата и повернулась к нему. Он смотрел прямо на меня, зажав нос.

— Фу-у, — протянул он. — Ты вся потная. От тебя воняет.

В кои-то веки я на него не разозлилась. Даже улыбнулась.

— Помолчи, Тео, — сказала мама. И тут же спросила у меня: — Ну, что скажешь, Нор, понравилось тебе бегать?

Она что, шла за мной и все видела? Или у нее такие глаза, которые видят даже сквозь деревья и всегда находят, что ищут?

— Ага, — сказала я с набитым ртом. Я и правда ужасно проголодалась. — Завтра опять пойду.

— Отличная мысль, — ответила мама.

Она достала из шкафа банное полотенце и накинула мне на плечи.

— Так теплее?

Я кивнула. Мне было легко. Я и не знала, что от бега на душе становится так радостно.

— А теперь в душ, — сказала мама, когда моя тарелка опустела. — После душа будешь крепко спать, а завтра со всем справишься.

Я заметила, как она взглянула на отца и кивнула ему. И как отец кивнул в ответ. И как потом они вдвоем посмотрели на меня и улыбнулись.

Я встала и пошла в душ. Уже из коридора я услышала, как отец говорит маме:

— Ты бы ее видела. Как будто у нее крылья.

Я закрыла дверь в свою комнату и легла на кровать. Отвернулась к стене и посмотрела в зеркало. Оно висело на уровне моей подушки, чтобы я могла посмотреться в него, прежде чем заснуть. А если мне снились кошмары и я просыпалась, то достаточно было только посмотреть в зеркало, чтобы понять, что я дома и все хорошо. Длинные густые волосы, вздернутый нос с тремя веснушками, серые глаза — всё на месте. Обыкновенное лицо.

Раньше это зеркало висело в домике на дереве. Когда мама решила его разобрать — он ведь все равно больше никому не нужен, — то спросила, что делать со всем, что там лежит.

— Выкинь, — ответила я, — только зеркало оставь. — Я забила у себя в комнате гвоздь и повесила зеркало. Минутное дело.

Я улыбнулась своему отражению. Наморщила лоб. Сколько за ним сегодня промелькнуло мыслей. Утром. Днем. Вечером.

И тут же это снова случилось. Мысли опять затопили голову, будто они — вода, и только что прорвало плотину, которая их сдерживала. Я потерла лоб, но мысли не уходили. Я закрыла глаза и вжала лицо в подушку. Тоже не помогло. Посреди всех моих мыслей восседала, как на троне, Линда, а мы с Рози стояли по обе стороны от нее, прислоняясь головами к ее ногам. Мне хотелось стукнуть себя кулаком по голове, разнести все эти мысли одним махом, но я знала, что не получится.

Я смотрела в зеркало до тех пор, пока вновь не увидела свое лицо. Свое обычное, нормальное лицо, то же, что и всегда. Потом встала и пошла в душ. Завтра я опять буду бежать, пока не превращусь в ветер, буду со свистом проноситься сквозь все, и ничто меня не остановит, ничто не будет раздирать меня на куски.

После душа я опять спустилась вниз. Папа с мамой сидели у телевизора. Тео уже лег спать.

— Давай к нам, — сказал папа.

Они смотрели репортаж из Америки. Тысячи протестующих на улицах, первый человек на Луне, кадры из огромных природных заповедников. У причала швартуется корабль в начале передачи, и тот же корабль в конце.

Я устроилась на ковре, прислонилась спиной к дивану, на котором сидели родители. Смотрела и не могла оторваться. Оказывается, и правда есть страна, где все по-другому.

— А вон статуя Свободы, — вдруг сказал папа.

У него что-то случилось с голосом. Что-то не то. Будто в нем появилась трещина, разлом. Папе никто не ответил. Я знала, о чем он думает. После того несчастного случая он хотел эмигрировать в Америку. Вместе с нами. Но спустя несколько месяцев все же решил не ехать. Единственное, что он умеет делать, — это сидеть за окошечком в банке, а таких людей в Америке и без него полно. Мама тоже так думала. А я нет. Я бы уехала. Я считала, что папа умеет не только это. Но решение было принято: он остается, а вместе с ним и все мы.

После передачи я сразу пошла спать. Заснула как убитая. Мне снилось, что у меня широкие крылья и что я несу у себя на спине полнаселения земного шара, по небу, над океанами, и никому не холодно, все смеются от счастья, потому что мир такой красивый и так хорошо смотреть на него сверху, сидя в безопасности между моих крыльев.

В следующие дни я ездила в школу одна. Собираясь в школу, я часто видела, как мимо нашего дома пробегает Рози, с портфелем в одной руке и курткой в другой. И море развевающихся волос. Каждый раз она еле-еле успевала на автобус.

Я не махала ей, не стучала по стеклу. Она тоже не смотрела в мою сторону, не оборачивалась даже случайно.

Через несколько дней я почти перестала по ней скучать.

Утро было холодное. На окнах — ледяные узоры. Значит, мороз. Я собиралась в школу.

— Может, лучше на автобусе? — спросила мама.

Да ну, зачем? Дождя же нет. Снега тоже. Я вышла на улицу. В шапке, перчатках и шарфе.

Она явно меня ждала. Оделась, будто на Северный полюс.

— Привет, Нор.

Я посмотрела на нее. Может, получится посмотреть насквозь? Может, она сама растворится в воздухе? Это оказалось сложнее, чем я думала. Не могла же я стоять так час и ждать, когда она растворится. Так что я вскочила на велосипед и собралась ехать.

— Нор, подожди меня.

Я остановилась.

Она подъехала.

— Я хочу ехать с тобой, — сказала она.

— А я не хочу.

— Почему?

— Люблю ездить одна.

— Но раньше...

— То раньше.

Она покачала головой. Сняла шапку, тряхнула волосами, надела опять.

— Да что это я, — сказала она и улыбнулась. Ее глаза блестели. — У меня для тебя кое-что есть, — сказала она.

— Не нужен мне шоколад.

— Это не шоколад. Это совсем другое. — Она протянула мне раскрытую ладонь.

Лучше бы я не смотрела. Лучше бы просто проехала мимо. Катила бы себе в школу как ни в чем не бывало. Подальше от Рози. Подальше от всех.

Кольцо настроения. Мое кольцо. Я сама надела его Линде на палец. Я знала, что потом его прикарманили ее сестры. Оно не может быть у Рози. Я поморгала, но кольцо не исчезло. Она радостно рассмеялась.

— Не ожидала, да? Оно уже давно у меня. Я хотела отдать тебе его на день рождения. Но вчера подумала: отдам сейчас. Надевай быстрее.

— Откуда оно у тебя?

— Какая ты странная, Нор. Разве ты не рада?

— Может, ты его украла?

Она открыла было рот — что-то сказать, но снова закрыла. Встряхивала волосами снова и снова.

— Я не воровка!

— Не воровка?!

Она закусила губу.

— Я его не украла.

— Ага, они сами его тебе отдали.

— Нет, но...

Я оттолкнула ее руку.

— Значит, все-таки украла. Просто признайся.

Ее глаза вспыхнули.

— Теперь ты его не получишь.

Размахнувшись, она кинула кольцо на другую сторону улицы.

— Вот, — сказала она. — Теперь оно ничье. — Я услышала, как она плачет.

Рози вскочила на велосипед. Она еще никогда не ездила по нашей улице так быстро.

Наверное, она давно утащила его у сестер Линды. Еще до того, как их семья уехала с нашей улицы. Как ей это удалось?

Во всяком случае, Рози не трусиха. Отдавая кольцо, она даже не покраснела. Она гораздо смелее, чем я думала.

Уж точно смелее меня.

Ведя велосипед, я перешла на другую сторону. Отыскала его сразу, оно лежало в канаве в куче листьев. «Мое кольцо», — еще раз подумала я. Можно оставить его здесь. После школы его уже, наверное, не будет. Пропадет навсегда.

Я подняла его и потерла камень. Сердце колотилось как бешеное. Нет, нельзя! Я не оставлю его здесь.

Нельзя просто выбросить то, от чего так бьется сердце и внутри становится так тепло, хотя на улице страшный мороз.

Я вернулась домой.

— Что-то с велосипедом? — спросила мама.

Отвечать было некогда. Я побежала вверх по лестнице, завернула кольцо в платок и спрятала его под старым одеялом, лежавшим в шкафу на случай, если я ночью замерзну. А такого не случалось никогда. Теперь о кольце можно было со спокойным сердцем забыть.

Быстрее ветра доехать до школы и быстрее ветра — домой. Отдышаться, поесть, сделать уроки, бежать круги. С пустой головой лечь спать. И следующий день пройдет точно так же, те же дела в том же порядке. Это все, что мне нужно для счастья.

37 195

Сначала всегда легко. Надо только бежать в своем темпе и не увязываться за парнями, которые рвутся вперед. В конце концов большинство из них все равно за это поплатятся. И тогда я смогу их обогнать, как раз за счет того, что держала свой собственный темп. Я часто сталкивалась с этим в забегах на две тысячи метров, хотя там я с самого начала бегу на всю катушку, это мой старт и моя скорость.

Сейчас те две тысячи метров кажутся мне сущей ерундой. Пять тысяч уже за плечами, осталось еще тридцать семь. Не слишком ли быстро я бегу, смогу ли выдержать темп? Если уговаривать себя, что смогу, что это просто, то, наверное, какое-то время продержусь. Но что, если силы кончатся, а я еще не добежала? И хотя сейчас у меня их еще полно, я знаю, что этот момент все равно наступит. Но не стоит думать о нем прямо сейчас. Ждешь ты боли или не ждешь, она не будет от этого ни слабее, ни сильнее. Когда она придет, я замечу.

Вокруг меня те же парни, что были на старте. Мы почти в голове колонны. Других женщин я пока не видела. Кроме тех, что стоят по обочинам. Там всё пестрит, все еще без верхней одежды. Только что закончилось теплое лето, и у многих на лицах, руках и ногах пока держится загар. Сейчас вечер, поэтому на плечи у всех что-нибудь наброшено, но еще можно ходить с голыми ногами. Я улыбаюсь. Во время тренировок на свежем воздухе я неплохо загорела, но по-настоящему загореть у меня никогда не получится.

Только Рози всегда была по-настоящему загорелой. И Маттиа, конечно. Такими они были всегда. Мы с Линдой были бледные. И сестры Линды тоже. Бледные и красивые. И вредные. А Линда — нет. Линда была какой угодно, но не вредной. Интересно, стояла бы и она сегодня на обочине, чтобы меня поддержать? Я отгоняю от себя этот вопрос. Сейчас самое важное — бежать. Не ускоряться, спокойно держать темп. Еще никогда я не бежала такую длинную дистанцию, даже на тренировках. Потому что так делать нельзя. Есть и другие вещи, которых делать нельзя.

Например, слишком много думать.

— Такого я еще не видел, — сказал тренер. — Она такая...

— Упрямая, — помог ему отец.

— Такие способности к бегу, — продолжал тренер. — У вашей дочери природный талант, это большая редкость.

— Я знаю, — согласился отец. — Она молодец.

— Еще какая, — сказал тренер. — И ей всего... сколько тебе сейчас лет, Нор?

— Пятнадцать.

— Пятнадцать, значит. Идеальный возраст, чтобы начать заниматься в клубе. Сколько времени ты уже тренируешься сама?

— Года два, — ответила я. — Но я бы не сказала, что я тренируюсь.

— А что ты делаешь? — спросил он.

Не знаю. Просто бегаю, и все. Как можно чаще и как можно быстрее. Я пожала плечами.

— Бегаешь в группе или одна?

Конечно одна. Я сама выбираю свой темп, увеличиваю его, пока не пойму, что больше не могу, просто бегу и бегу, свесив язык до колен и заполнив голову ветром. А внутри — абсолютно пусто. И вот это великолепно, лучше всего. Мне трудно представить, что было бы так же здорово бежать с кем-то вместе. Пришлось бы договариваться: когда, сколько, с какой скоростью. Даже думать об этом не хочу.

— Я всегда бегаю одна, — ответила я.

— Каждый день после школы, — добавила мама, — и на выходных, конечно, тоже. А еще она ездит в школу на велосипеде, десять километров туда и десять обратно. Едет так быстро, вы не представляете. Никто не может ее догнать.

Я пыталась прожечь ее взглядом, но она не замечала. Она даже раскраснелась, пока рассказывала: каждый божий день, в дождь и ветер... Как будто товар расхваливает, и этот товар — я. Мне хотелось уползти под стол.

— Понятно, понятно, — сказал тренер. И улыбнулся мне. — Легкая одержимость спортом. Нам такие нужны.

Я пожала плечами.

— Мне просто нравится, — сказала я.

— Она любит бегать, — добавила мама.

Думаю, он и без нее догадался. Не любила бы — разве бы я стала себя неволить каждый день, в погоду и непогоду?

— А сама-то ты хочешь заниматься в клубе? — спросил он.

— Конечно, — начала было мама. — Она...

— Я хотел бы услышать, что она сама об этом думает.

Я посмотрела на него. Перевела взгляд на маму. Она кивнула, потом опустила голову и уставилась на свои руки, сложенные на коленях.

На прошлой неделе она в который раз завела разговор: не хочу ли я заниматься в спортивном клубе? А я вдруг взяла и сказала «да». В ее голосе было столько мольбы. Как будто это важно ей, а не мне.

В тот день я пробежала не меньше двадцати кругов, и все это время он, оказывается, за мной наблюдал. Он не махал мне, не кричал всякие глупости, как иногда делали люди у нас в деревне, типа «Давай, Нор!», или «Ноги выше!», или еще чего похуже. Дождался, пока я закончу, и только тогда подошел.

— Обожаешь бегать, да? — спросил он с улыбкой.

Я удивилась. Как это он сразу понял?

Он смотрел на меня, склонив голову набок. Черные курчавые давно не мытые волосы. Одна прядь сползла на правый глаз, будто он мне подмигивает. Я улыбнулась. Он улыбнулся в ответ.

— Если будем тренироваться, как надо, сможешь выйти на высший уровень, — сказал он. — Если, конечно, сама захочешь. Мы-то можем хотеть чего угодно, но если тебе это не надо, ничего не выйдет.

— Я упрямая. — Слова сами вылетели у меня изо рта. — Я постараюсь.

Мне показалось, все выдохнули. А я и не знала, что умею держать всех в таком напряжении.

Отец встал и спросил, не хотим ли мы чего-нибудь. Мама поставила на стол стаканы и чашки.

— Я буду за ней заезжать, а после тренировки привозить обратно домой. Будем заниматься три раза в неделю.

— Три раза — не многовато ли? — спросил отец. — Школа важнее спорта.

— Хочу вас сразу успокоить, у нас строгие правила: если начинаются проблемы с учебой, мы уменьшаем количество тренировок, пока оценки не улучшатся. Нет тренировок — нет прогресса, поэтому ребята сами стараются хорошо учиться. Их судьба в их руках.

— А не рано ей так тренироваться? — спросил отец.

— В самый раз. — И мама кивнула.

— Тогда поставьте, пожалуйста, вот тут свою подпись, — сказал тренер. — Меня зовут Антонио, можно Тони.

Ого, как все у них быстро. Но у всех на лицах такое облегчение, что я промолчала. И в конце концов, разве я не сама сказала, что постараюсь? Обещала так обещала.

Отец Тони был бельгиец, а мать итальянка. «Я полуитальянец», — любил он повторять. Этим у него объяснялось все: и то, что он такой смуглый, и что никогда не сдается, и что так хорошо бегает.

Интересно, это просто совпадение, что человек, который взялся учить меня бегать, — наполовину итальянец? В нашей деревне много итальянцев. Прямо на нашей улице. Наши соседи — итальянцы.

Соседи. Так я теперь называла Рози, Маттиа и их родителей. Или даже так: семья Цуккато. Иногда становится легче, когда называешь людей по-новому. И еще было легче оттого, что я их теперь редко видела. Рози в прошлом году перешла в другую школу. Маттиа просто приезжал и уезжал на своем мопеде — это все, что я слышала. Казалось, их дом превратился в бункер. Входная дверь открывалась очень редко. Как будто они вырыли тайный ход.

— Ты быстро со всеми познакомишься, — сказал Тони.

Мы ехали на первую тренировку. Было уже почти лето. Кросса больше нет, сказал Тони, с апреля занимаемся на беговой дорожке. Это гораздо приятнее, добавил он. На стадионе куча народу, тренируются не только бегуны, но и другие атлеты. В общем, тебе понравится. Бояться нечего.

Но мне было страшно.

Тони отвел меня к раздевалкам, постучал в какую-то дверь, толкнул ее.

— Давай заходи, — сказал он, — и быстренько переоденься. Это Нор, — крикнул он у меня над головой. Затем подтолкнул меня в спину и закрыл за мной дверь.

Я огляделась. В комнате переодевались девочки, человек десять.

— Ага, — сказала одна из них. — Слыхали уже про тебя.

Я решила держаться как можно приветливее. Переодеваясь, я смотрела по сторонам и всем улыбалась, так что губы чуть не свело судорогой, но я продолжала молчать. Я не знала, что говорить. И даже не знала, видят они мою улыбку или нет, потому что все болтали.

Вместе с остальными я вышла из комнаты. Рядом со мной шла девочка с короткими волосами, торчащими во все стороны.

— Первая тренировка у Тони?

— Вообще первая тренировка, — ответила я и покосилась на нее. Никогда не видела, чтобы у человека было столько веснушек.

— Но ты хоть бегала раньше? — спросила она удивленно.

— Бегала, — ответила я. — Вот только не знаю, смогу ли за вами угнаться.

— Скоро узнаем, — засмеялась она. — Да, пока не забыла. Меня зовут Зои.

— Меня Нор, — сказала я. — Хотя ты уже знаешь.

Мы стояли на дорожке. Тони подошел ко мне, обнял за плечи и еще раз сказал всем, как меня зовут. Сказал, что надеется, что я буду стараться, как все, и назвал каждого по имени, но я их тут же забыла. Кроме Зои с ее тысячью веснушек.

Нас было человек двадцать. Мальчиков больше, чем девочек. С мальчиками я еще никогда не бегала. С девочками — бегала, на физкультуре. И всегда их обгоняла. Даже нашу учительницу.

Начинаем с двух кругов, не слишком быстро, объявил Тони. Он сам побежит впереди, никто не должен его обгонять. Все бежали за ним, никто не отставал, и никто не устал. Потом мы все равно немного отдохнули, и Тони учил меня делать упражнения для растяжки мышц, которые делали остальные.

Потом мы побежали чуть быстрее. А потом еще чуть быстрее. Теперь можно было пробовать обогнать Тони. Я и четверо мальчиков бежали впереди. Все равно недостаточно быстро для меня, но мне не хотелось выделяться.

Тони встал у края дорожки с секундомером. Мне он крикнул, чтобы я ускорилась. Я бежала точно так же, как все, и точно так же тяжело дышала. Как же он догадался, что я могу бежать быстрее? Мальчики бежали впереди все вчетвером, одной шеренгой, мне не хотелось между ними протискиваться. Может, в следующий раз, но не сегодня.

— Нор! — крикнул Тони, когда мы опять пробегали мимо него. Я оглянулась и увидела его наморщенный лоб. — Обходи их, — крикнул он.

А мы и так бежали впятером впереди всех, с отрывом в четверть круга. Один из мальчиков обернулся.

— Не повезло, что мы так быстро бегаем, да, чемпион? — сказал он мне, тяжело дыша.

Я не ответила. Я хотела всем понравиться и не собиралась никому показывать, что я лучше всех. Во всяком случае, в первый же день.

— Все ясно. — Опять этот же. — Девчонки не умеют бегать.

Я знала, что умеют.

Ко мне подбежал Тони.

— Это последний круг, — предупредил он. — И сейчас ты покажешь мне, что я в тебе не ошибся, договорились?

Он не сердился. Не упрекал. Не грозил. Высказал это спокойно, почти как деловое предложение.

Мне показалось, что мои ноги вдруг стали длиннее. Я прибавила шаг, и оказалось, что дыхания у меня еще предостаточно. Потрясающее чувство: знать, что можешь продержаться еще долго, сколько угодно. Я решила обойти их сбоку. Конечно, потеряю на этом несколько секунд, но проталкиваться между ними мне не хотелось.

И я устремилась вперед.

— Эй, ты, дура, — крикнул все тот же парень. — Выскочка!

Обернувшись на бегу, я успела заметить, как один из мальчиков его толкнул. А другой буркнул: «Заткнись, придурок». Для меня это прозвучало как музыка. Ноги несли меня легко, будто во мне совсем нет веса.

После тренировки ко мне подошел тот парень, что назвал меня дурой.

— Извини, — сказал он. — Ты первая девчонка, которая смогла меня обогнать.

— Я не собиралась.

— Да, это Тони тебе велел, — кивнул он. — Если он говорит, значит надо, я знаю.

Я пожала плечами.

— Меня зовут Виктор. Потому что «Виктория» значит «победа».

Про «победу» прозвучало слегка невпопад, я не смогла не улыбнуться. И он широко улыбнулся в ответ.

— Как часто ты будешь тренироваться? — спросил он.

— Тони сказал, три раза в неделю.

— Вот как, — сказал он. — Я тоже.

— А остальные разве нет?

— Остальные по два.

— И больше никто три раза не тренируется?

Он покачал головой.

— Три раза в неделю приходят только те, кто пробегает дистанцию за определенное время.

— Значит, это особая честь, — сказала я.

— Именно, — согласился он.

Я помолчала. Задумалась, не будут ли остальные мне завидовать.

Казалось, Виктор разгадал мои мысли.

— Эй, чемпион, — сказал он, — ты ведь хочешь стать чемпионом?

— Лучше называй меня Нор, — сказала я.

— Нор-чемпион. Не все хотят заниматься три раза в неделю. Не все умеют бегать так же быстро, как мы с тобой. А ты еще и на порядок сильнее. Пока что.

Я посмотрела на него с удивлением. Вроде говорит искренне. Без притворства.

— Тебе нравится бегать?

— О да, — вздохнула я. — Да.

Он посмотрел на меня.

— Ну и молодец, что к нам пришла, — сказал он, широко улыбаясь.

Я всегда была тихоней.

В школе — тихоней, у которой все мысли об учебе. Знакомилась с кем-нибудь на перемене, а к концу недели даже забывала, как их зовут.

В клубе — «тихоней, которая так быстро бегает». Виктор иногда жаловался, что я зазнаю́сь. Ему казалось, я мало говорю, потому что думаю о своем. И мои мысли мне так нравятся, что я не хочу ими с ним делиться. По вторникам, когда в клубе тренировались только самые сильные, мы обычно молча бежали рядом, а Тони стоял неподалеку и следил за техникой бега.

Трудно было объяснить Виктору, что моя голова не всегда забита мыслями. Иногда мне, наоборот, казалось, что она совершенно пуста. А я сама — просто тело с ногами, бегу себе как можно быстрее, и кровь стучит в голове. И это чудесно.

Но все равно бежать надо было еще лучше и быстрее.

— Когда бежишь, нужно выкладываться целиком, — говорил Тони. — То есть почти целиком, небольшой резерв все же должен оставаться. А ты не отдаешь и половины. Ты не работаешь в поте лица. Немного пота не повредит, Нор.

— Я потею, — ответила я.

— Это не пот.

Я взяла его руку и положила себе на лоб.

— А это что?

— Это капелька влаги. — Он мне улыбнулся. Слава богу.

— Хорошо, буду потеть.

— Нет, потеть не надо, надо бежать, а пот сам придет. И не бойся побеждать.

Что он говорит? Я же стараюсь, я отдаю всю себя во время бега. О чем он? Но я молчала, а в голове тем временем роились тысячи вопросов, которые мне было страшно задать.

Значит, тихоня. Однажды я слышала, как Зои говорила Виктору, что бывают такие люди. Просто это люди без слов, лишь иногда скажут что-нибудь, и все.

Быть таким человеком, по-моему, приятно.

Но однажды...

После тренировки мы собирались все вместе пойти есть блины в клубе. Тони приготовил начинку. Вместе занимаемся, вместе наедаемся, так сказал Тони. Вместе работаем, вместе отдыхаем. Зои пообещала занять мне место за столом, потому что я, как обычно, вышла из душа последней.

В коридоре я встретила Виктора.

— Что это мы? — засмеялся он. — Как бежать, так первые, а как мыться, так последние.

— Конечно, столько пота смывать, — засмеялась я в ответ.

Мне нравилось стоять под душем одной, в тишине. Раздеваться мне всегда было нелегко: сначала непослушные шнурки, всегда завязанные туже, чем у остальных, а потом еще облегающая одежда, которую быстро снять не получается.

Мы вместе шли по длинному коридору к выходу. Я достала расческу и провела ей по своим длинным волосам.

— У тебя волосы еще совсем мокрые, — заметил Виктор.

— Хочу постричься, — сказала я. — Коротко.

— Не советую.

— Так гораздо удобнее.

— Зато не так красиво.

— Для бега красота не нужна, — сказала я.

Он молча шел рядом со мной, так близко, что я чувствовала его близость. Мы были с ним одного роста, но у меня чуть длиннее ноги и чуть короче верхняя часть тела, чем у него. У меня есть все данные для бега на длинные дистанции, говорил Тони.

— Ты совсем не такая, как моя сестра, — вдруг сказал он.

Я посмотрела на него в недоумении:

— С чего мне быть похожей на твою сестру?

— Ну, просто. Я раньше думал, все девчонки одинаковые. Но это не так.

— Конечно не так. С чего ты взял?

— Моя сестра некрасивая, — сказал он вдруг.

Его голос звучал странно, как будто он совсем не то хотел сказать. И я не хотела знать, что именно. Я ускорила шаг, надеясь, что Зои заняла мне место рядом с собой.

— Иногда она так глупо себя ведет. Хотя младше нас всего на год. И еще совсем плоская. Как младенец.

Что он такое говорит? Он что, смотрел на мою грудь? Да как он смеет!

— Почему ты так быстро идешь?

— Потому что.

Потому что я не хочу идти рядом с тобой. Потому что ты говоришь очень странные вещи. Я остановилась.

— Что такое? — спросил Виктор.

Я заметила, что он покраснел. Вот и отлично.

— Иди давай, — сказала я.

— Не пойду, — сказал Виктор.

— Иди!

Но он не сдвинулся с места. Такой же упрямый, как и я. Я молчала, чтобы не сорваться на крик. Настолько я разозлилась. А вдруг он бы тоже начал кричать. Этого мне совсем не хотелось.

— Значит, лучше быть некрасивой? — спросил он.

— Может быть, — прошипела я.

— Не повезло тебе.

И мы пошли дальше, как будто ничего не произошло.

Но произошло что-то очень важное.

32 195

Первые десять километров позади. Я — легкие и тело, дыхание протекает через меня насквозь, даже через голову. Ничто не может меня остановить. Но вдруг у меня сведет мышцы или начнется понос? Вдруг я упаду? Могут подкоситься ноги. Я могу споткнуться о какой-нибудь идиотский камень. И никто меня не подхватит. Бабах! — и все закончилось. Я с силой трясу головой. Нет-нет-нет. Не надо мне таких мыслей. Не сейчас.

А что, если я не упаду, не будет ни судороги, ни поноса, я буду бежать и бежать вперед, но потом за километр до финиша решу, что мне не добежать? Что тогда? Кто скажет мне, что я не права? Что у меня все получится? Люди будут мне что-то кричать, подбадривать, но вдруг я им не поверю?

Я еще раз трясу головой. Не говори гоп, пока не перепрыгнешь. Черт не так страшен, как его малюют. Бывает, что гора сама приходит к Магомету.

Я бегу в центре группы из пяти человек. Пробегаю улицу за улицей. Пункт раздачи воды. Какой-то человек протягивает мне стаканчик с водой.

— Десять километров, — говорит он. — Уже десять.

Я беру стаканчик на бегу.

Сейчас нас четверо. Один бегун передо мной, один сзади, один сбоку. Я оглядываюсь и вижу пятого на краю трассы, он сидит, спрятав лицо в руках, вокруг него лежат полотенца и стоят люди.

— Сдался, — запыхавшись, говорит тот, кто бежит рядом.

Так быстро. Жалко.

Сминаю стаканчик в комок. Кто-то из зрителей протягивает руку и забирает его.

— Посторонись, — кричит тот, который позади. — Медленно бежишь.

Я не реагирую. Я бегу не медленно. Он легко может обойти меня полукругом, если хочет.

Слышу, как он матерится. Он дергает меня за футболку. Я чувствую, что его ногти царапают мою кожу.

— Я это видел, — тяжело дыша, произносит бегун рядом со мной. — Тебя дисквалифицируют, так и знай.

Но тот, который сзади, не сдается.

— Эй, ты, ничего ты мне не сделаешь. И эта дура тоже.

Дура. Терпеть не могу это слово. С детства его не переношу. Опять меня сзади хватают за футболку. Теперь его пальцы цепляют мой лифчик. Какая наглость! Я инстинктивно бью рукой назад.

— Ой, — кричит он.

«Есть!» — думаю я.

— Мужик в юбке, — слышу я у себя над ухом.

Мужик? Если я люблю бегать, значит, я мужик? На секунду я теряю самообладание. Оборачиваюсь и вижу мерзкую улыбочку у него на лице. Ну уж нет, думаю я, тебе не вывести меня из себя, друг. Так быстро я не сдамся. Чтобы сюда попасть, я тренировалась много месяцев. Это моя гора, и я должна на нее взобраться. И ни тебе, ни своему гневу я не позволю мне помешать. На гнев уходит энергия, а тратить свою энергию на тебя я не собираюсь. И я не мужик в юбке. Я знаю точно. Хотя у меня и маленькая грудь, узкие бедра и короткие волосы.

Тот, кто бежит рядом со мной, приближается вплотную.

— Поможешь мне? — запыхавшись, шепчет он мне на ухо. — Сейчас мы от него оторвемся.

Я ему улыбаюсь. У него глубокие морщины на лбу и темно-карие глаза. Я вижу его пот и чувствую, как он пахнет. А он видит мой пот и чувствует его запах. Я знаю.

— Давай, — соглашаюсь я.

Мы вдвоем ускоряемся. Первый из нашей группы растерянно смотрит в нашу сторону, когда мы его обгоняем. Люди вдоль трассы кричат нам, что бежать еще долго. Тот, от кого мы решили оторваться, громко ругается. А потом вдруг тишина. Я оборачиваюсь. Он стоит у края трассы и грозит кулаком, а один из зрителей его поддерживает. Даже смешно.

Теперь опять все в порядке. Я хочу вернуться к ритму, в котором бежала, но бегун рядом со мной не замедляется. Я чувствую, как он медленно-медленно ускользает от меня, а я не могу держать этот ритм, для меня это слишком быстро. Может, у него это уже десятый по счету марафон.

— Удачи, — выговариваю я.

Он поднимает вверх большой палец:

— И тебе.

Я немного замедляюсь. Так лучше. Я чувствую, что в этом ритме у меня хватит сил бежать далеко-далеко. Тот, который долго бежал передо мной, сейчас метров на пять отстает. Все хорошо. И почти все возможно.

Мое первое соревнование. Тони сказал, что я приду первой. Если не буду бояться и выложусь по полной. От нашего клуба на этот восьмисотметровый забег поехали еще две девочки, и я задумалась: не говорил ли он им то же самое? Или он считает, что только меня надо поучать? По крайней мере, иногда мне так казалось.

Он часто говорил со мной про гору. Каждая тренировка, каждое соревнование — это очередная гора, говорил он. Победить ее невозможно, можно только учиться и с каждым разом подниматься на нее увереннее. Для этого надо прислушаться к горе и принять ее.

Все это было не очень понятно. «Потом поймешь, — говорил Тони. — Если не забудешь. Что где-то есть гора. И что она может стать другом».

Мне предстояло бежать против Зои. Я сидела с ней рядом в автобусе и успела, наверное, раз пять повторить, как мне не хочется бежать с ней наперегонки, пока она наконец не попросила меня замолчать и не сказала, что все поняла и что ей тоже жаль, что мы с ней в одной возрастной группе.

— Какая же ты зануда, — добавила она.

— Извини, — сказала я. — Но...

— Я знаю, что ты победишь. Я хочу прийти второй. По-моему, второе место — это большая честь, если первое досталось Нор.

В ее словах не было насмешки. Она говорила так, будто для нее это и в самом деле большая честь. Но я не хотела побеждать Зои. Я от всего сердца желала ей победы.

— Твои родители приедут смотреть? — спросила я.

— Вряд ли, — ответила Зои. — У них дела.

— А ты хотела бы? — спросила я.

— А ты?

Я помотала головой:

— Слишком страшно.

Я не стала их звать. Они знают, что у меня первое соревнование и что я волнуюсь. Потом я и так расскажу, как все прошло.

Зои пожала плечами.

— Здорово, если они рядом, когда побеждаешь.

— А ты часто побеждала?

— Еще ни разу, — ответила она.

Она рассмеялась своим словам и толкнула меня в бок.

— Не удивляйся ты так, — сказала она. — Я не чемпион. А вообще я пошутила. Не важно, приезжают они или нет. Главное, чтобы они не устраивали сцен. Вот мой отец, например. Он может начать кричать. Он, наверное, думает, что я буду быстрее бежать от того, что он будет орать во всю глотку. Но тут он, конечно, ошибается.

Зои всегда такая радостная, даже если у нее плохое настроение.

Мы вышли из автобуса и по указателям пошли к раздевалкам. Тони пошел за номерами.

— Эй, чемпион, — обратился ко мне Виктор. — Постарайся всех обогнать.

— Сам постарайся всех обогнать, — ответила я. Получилось грубее, чем я думала. Мне было тяжело. Хотелось оказаться на месте Зои, чтобы не нужно было побеждать.

Лучше бы я начинала с обычных соревнований, говорил Тони. Но и на чемпионате провинции я наверняка справлюсь.

Мне прикололи номер.

Я одета в белую футболку без рукавов.

Черные шорты.

Белый спортивный лифчик.

За несколько недель до этого я стояла в коридоре перед зеркалом. Пританцовывала на месте, подпрыгивала вверх-вниз и смотрела на свое отражение, где у меня грудь. Болтается по-дурацки.

— Мне нужен еще один лифчик, — сказала я маме. Папа курит в туалете, брат Тео гуляет где-то рядом с домом. Или сейчас, или никогда.

— Мы недавно покупали тебе новый, — ответила мама. — Оба сразу ведь не наденешь.

Я уже давно не видела, как она улыбается. И сейчас для этого совсем не подходящий момент.

— Чтобы бегать, — сказала я. — Такой, обтягивающий. Не хочу, чтобы они болтались.

Мама продолжала улыбаться, казалось, она никогда не перестанет.

— Но ведь, Нор, — сказала она, — с чего бы им болтаться?

— Они болтаются, — ответила я. — И точка. И мне не нравится, что ты надо мной смеешься.

Она прикрыла рот рукой.

— Извини, Нор. Но...

— Знаешь, — продолжала я, — у нас на занятиях все девочки носят такой лифчик. Кроме меня.

Я знала, что этих слов достаточно. У меня будет спортивный лифчик.

Мой новый лифчик был очень обтягивающий. Я была довольна. Больше ничего не болталось. И вдобавок Виктор будет теперь помалкивать, надеюсь.

Я стартовала быстро. Сначала еще надеялась, что Зои не отстанет, но потом и эта мысль ушла. Я больше не думала. Я бежала. Мои легкие дышали, и все остальное дышало вместе с ними.

Когда я бежала, я не слышала ничего. Кроме самой себя. Но когда я победила и непонятно откуда взявшийся папа завернул меня в мою спортивную куртку, убрал с моего лица намокшие волосы, поцеловал меня в лоб и чуть не задушил в объятиях, все звуки вдруг стали объемными.

— Я не знала, что ты приедешь на меня смотреть, — отдышавшись наконец, сказала я.

— Я видел все, — ответил он. — Как ты с самого начала вырвалась вперед, а остальные плелись где-то позади. В нашей семье никто не умел бегать. Ты молодец!

У него так блестели глаза, и он так весело смеялся, и я так весело смеялась вместе с ним, что на секунду показалось, будто я — это он, а он — это я.

А потом это прошло.

Мне больше не хотелось, чтобы его руки лежали у меня на плечах. Хватит уже этих аплодисментов и ликования — все это только из-за того, что я вдруг пробежала быстрее остальных? Какая ерунда. Столько шуму из ничего. Я резко дернула плечом. Папа сразу же меня отпустил.

— Что с тобой? — с тревогой спросил он.

— Ничего, — ответила я. — Просто не трогай меня.

Он посмотрел на меня так странно. Так грустно.

К нам подошел Тони, и вместе с ним — Зои и Виктор. Папа пожал все руки, протянутые для пожатия. Тони подхватил меня и закружил в воздухе.

— Ну что, длинноногая моя, — сказал он мне. — Я знал, что у тебя получится.

— Хватит уже об этом, — ответила я.

— Первое соревнование, и сразу в точку. Как же ты здорово бежала, девочка.

— Тони, — только и сказала я.

Он опустил меня на землю, достал из кармана платок и вытер мне слезы. Это не помогло.

— Не повезло тебе, — сказал он потом. — Так быстро бегать. Что же потом делать с победами? А ведь это только начало, Нор.

Он обнял меня.

— Не переживай, — прошептал он мне в ухо. — Все будет хорошо.

Я кивнула. Сказала, не поднимая глаз:

— Какая-то я странная.

На это все улыбнулись и закивали. Конечно, я странная. Как будто они не знали.

— Ну что ж, — сказал Тони. — Предлагаю выпить за победу.

— С удовольствием, — согласился папа и взглянул на меня.

— Я в душ, — сказала я. — Увидимся позже.

Он кивнул и вслед за Тони пошел в кафе.

Мы с Зои и Виктором пошли в другую сторону, к раздевалкам. Зои заняла шестое место. Такой хороший результат был у нее впервые. Виктор занял второе место в своей категории.

В раздевалках была толкотня. Мы решили подождать, пока не станет свободнее. Зои прислонилась к стене, а я села на подоконник.

Виктор встал передо мной.

— Как ты здорово бежала!

— Слушай, хоть ты не начинай.

Я насмешливо посмотрела на него, но он не улыбнулся в ответ. Он смотрел на меня как-то странно. И его лицо вдруг оказалось совсем рядом с моим.

И так как он все стоял и смотрел, а я уже начала потеть и совсем перестала что-нибудь понимать, то я раз, наверное, десять повторила, что он тоже прекрасно пробежал, и тогда Зои вздохнула громко-громко и сказала, что сходит пока в душ. Я собралась было пойти вместе с ней, но она пробурчала, что вовсе не обязательно все делать вместе. Этого я тоже не поняла. Я осталась, Виктор по-прежнему стоял слишком близко ко мне, Зои исчезла за углом.

— Ну, — начал Виктор.

— Что «ну»?

Он странно улыбнулся, совсем на него не похоже.

— Да нет, ничего, — сказал он очень тихо и покраснел.

Я нахмурилась.

— Что такое? — спросила я.

Мимо шли люди, а мы всё стояли друг против друга. На мгновение мне показалось, что мы так никогда не сдвинемся с места. Все мои мышцы напряглись. Долго так не выдержать. А потом я почувствовала его руки у меня на плечах.

— Нор, — сказал он.

Его руки весили больше ста килограмм. Я дернула плечами, и они упали с меня будто сами по себе.

Он кивнул. Сделал шаг назад. Наклонил голову.

— Все, — сказал он потом. — Думаю, уже можно. Я имею в виду, в душ. Пока.

Зои как раз закончила мыться, когда я вошла в душевую.

— Ну как? — Она смотрела на меня с явным любопытством.

— Что «как»? — спросила я. Отметила про себя, что опять могу нормально говорить. Не совсем нормально, конечно. Раньше я так не огрызалась. — Извини, — быстро добавила я, заметив испуганный взгляд Зои.

— Давай иди в душ. Нас твой папа ждет.

Я сидела между Зои и Виктором. Тони поднял бокал за нашу победу. Мою первую победу. Первую в длинной череде будущих побед. Так сказал Тони. Папа с ним полностью согласился. Мне полагалось радоваться. Очень-очень. Так что я подняла уголки губ вверх. Распахнула глаза пошире. Улыбалась. Моя первая победа. Первая в длинной череде будущих побед. Пыталась вбить эти слова себе в голову. Пыталась радоваться. На редкость противное ощущение.

Зимний сезон закончился, и мы опять занимались на беговой дорожке. Тони по-прежнему заезжал за мной три раза в неделю, а в остальные дни я пробегала собственный маршрут. Обычно я начинала с нескольких кругов вокруг футбольного поля, а потом выбегала за пределы деревни. Делала вокруг деревни петлю километров в пять и возвращалась на свою улицу с другой стороны. Тони не одобрял того, что я бегаю каждый день, но я его не слушала. Я не могла иначе.

«На тебе пахать можно. У тебя железный костяк», — говорил Тони.

А еще у меня есть ты, Тони.

— Я хочу, чтобы ты участвовала в чемпионате страны, — сказал он мне однажды после тренировки. — Я считаю, ты готова.

Я покачала головой:

— Нет, — сказала я. — Может, на следующий год.

Он закинул мою спортивную сумку на заднее сиденье и сел в машину. Я села рядом с ним. Я хотела, чтобы он поскорее поехал, а дома я сразу засела бы за уроки.

— Иногда я совсем тебя не понимаю, Нор. На каждой тренировке ты бежишь быстрее всех. Ты быстрее Виктора, а у него в прошлом году был очень хороший результат.

Я пожала плечами:

— Мне просто не хочется.

— Зачем же ты тогда бегаешь? Зачем так много тренируешься, раз не хочешь побеждать?

Мне не нужно побеждать. Важен только бег. Как он до сих пор не понимает?

— Чего ты боишься? Что у тебя ноги отвалятся? — Он хмыкнул. — Что может произойти?

Я опять покачала головой.

Он завел машину.

— Можешь мне не отвечать, у нас не викторина. Ответить ты должна только самой себе. До завтра, — сказал Тони, когда я выходила из машины.

Еще посмотрим, подумала я. Может, стоит разок остаться дома.

Но на следующий день я ждала его у двери за пять минут до того, как он подъехал.

Это было на пасхальных каникулах, в субботу. На следующий день мне должно было исполниться шестнадцать лет, и ко мне с ночевкой приехала Зои. Моим родителям она нравилась. Тео был от нее без ума. Других девочек, всех кроме Зои, он считал странными существами. А Зои, с ее тысячью веснушек, его околдовала. Когда она приходила в гости, он сразу же садился на диван, а она всегда подсаживалась к нему. И начинался настоящий спектакль.

Сначала Тео просто смотрел. Потом было слышно, как он вздыхает. А потом всегда шли одни и те же слова:

— Сколько же их у тебя...

И сразу:

— Покажешь их все?

Тогда она закатывала рукава.

— Спорим, тебе их не сосчитать?

А он смотрел на ее руки и качал головой.

А она показывала ему свои ноги:

— Смотри, здесь еще столько же.

Вот и сейчас.

— Так много, — вздыхает Тео. И добавляет: — Так красиво.

Такого он еще не говорил. Я оторопела. Я уже слышала эти слова — однажды, много лет назад.

Зои мне улыбнулась и подмигнула Тео. В ответ он сделал странное: закрыл и сразу же открыл оба глаза, и повторил это еще раз. Совсем не похоже на подмигивание, но он явно пытался подмигнуть.

— Надо будет еще потренироваться, — борясь с пузырьками смеха внутри, прокомментировала я.

Зря я это сказала. Он тут же вскочил, с силой пнул меня по ноге и направился к двери. Вышел.

— Зараза! — крикнула я ему вслед.

Зои расхохоталась, а я потирала ушибленное место на ноге.

— Сильно ударил. И опять я сама виновата.

— Надо было найти себе другую подружку, без веснушек. Ах, Нор, у тебя такой милый брат.

— Он не милый. Это маленький гаденыш.

— Он очень хороший. Не влюбиться бы в него.

Однажды, много лет назад. Линда. Она тоже нравилась Тео. И тоже хотела выйти за него замуж.

— Не стоит, Зои. Это может плохо кончиться.

— Какая ты все-таки странная.

— Давай немного пробежимся? — предложила я. Я взяла ее за руку и потянула за собой.

Сначала мы бежали по кромке леса вдоль футбольного поля, потом выбежали на дорогу. Мимо нас проехал человек на мопеде. Я проследила за ним взглядом и увидела, что он остановился. Обернулся. Подождал. Развернулся и поехал в нашу сторону. Остановился около нас и слез с мопеда.

Это был Маттиа. В шлеме, закрывающем почти все лицо.

Руки в карманах. Самый настоящий Маттиа. Наклоняет голову набок и подгибает левую ногу, так что кажется, что ноги у него кривые. Но у него не кривые ноги, я точно знаю.

Он снял шлем. У него теперь длинные волосы.

— Это Маттиа, — сказала я Зои.

— Маттиа?

— Маттиа, — повторила я.

Вот за кого я выйду замуж, подумала я. Но эта мысль исчезла, едва появившись.

— Привет, Маттиа.

Он положил шлем на мопед и посмотрел на меня, все так же стоя на одной ноге, а вторую согнув в колене.

— Привет, Нор! Здорово, что я тебя встретил.

Он до сих пор на голову выше меня. Его нос попрежнему разрезает лицо на две половинки. Кажется, рот стал больше. Прыщик на лбу, прыщик на подбородке, больше никаких изъянов.

Что-то не так. Я это сразу почувствовала.

— Зои, — представила я. — Моя подруга. Мы вместе бегаем.

А он вообще знает, что я так много занимаюсь спортом?

Он посмотрел на нас и улыбнулся. Перевел взгляд с Зои на меня.

— Нор... — начал он. Остановился и опять посмотрел на Зои.

— Я побегу вперед, — сказала Зои. — Встретимся позже.

— Нет, не надо...

— Пока!

Вскоре она скрылась из виду.

— Завтра у тебя день рождения.

Я повернулась к нему.

— Надо же, ты помнишь, — сказала я.

Он кивнул и ничего не сказал. Я тоже молчала.

— Как собираешься праздновать?

— Как обычно. Как все дни рождения. Торт, гости, подарки. Из нового — вот, Зои остается у меня ночевать, это первый раз.

— Шестнадцать лет вообще бывает только раз.

— Ну и что? По-моему, ничего особенного.

— С шестнадцати лет можно ходить в молодежный клуб.

Об этом клубе я слышала. Его построил муниципалитет несколько лет назад. Для тех, кому уже есть шестнадцать. Там много чего происходит интересного, а взрослые просто следят за порядком. Каждые выходные там не протолкнуться.

Столько людей в закрытом пространстве. Это не для меня.

— По субботам там классно. Играет отличная музыка, и не слишком громко, можно разговаривать. И танцпол посередине.

Танцевать среди такого множества людей — даже представить страшно. Я и танцевать-то не умею.

— Рози ходит туда каждые выходные.

Интересно, как дела у Рози.

— Почему бы тебе не сходить с нами?

Одни и те же короткие фразы, уже много лет. На улице, перед домом, в магазине: как дела? *Хорошо.* А в школе? *Хорошо.* И новых вопросов так быстро не придумаешь.

Я пожала плечами.

— Не хочется.

— Честно? Все только и ждут, когда им исполнится шестнадцать, чтобы ходить в клуб.

— А я — нет, — ответила я.

Он улыбнулся.

— Ха, — сказал он, — вот теперь я тебя узнаю.

Он меня не знает. Уже давно. Ничего подобного.

— Значит, точно не хочешь в следующую субботу...

Я помотала головой.

— Рози хотела бы с тобой встретиться. Она по тебе скучает.

Я чуть не рассмеялась. Так живо себе представила: Рози, вокруг нее миллион подружек, а она протягивает ко мне руки и говорит: «А, Нор. Это ты. Наконец-то. Я так по тебе скучала». Слезы, розы и все такое.

— Лучше бы вы остались в одном классе. Наверное, тогда все было бы по-другому.

Меня как будто ударило током. С ней что-то не в порядке. Что-то серьезное.

— Что случилось?

— Все плохо, — ответил он. — У нее все плохо.

— Не бывает все плохо, — тихо сказала я. Это слова Рози. Она сказала это давным-давно, когда была моим самым любимым человеком на свете. Я почувствовала, как меня окутывает тепло. Это было очень приятное тепло, но горло у меня сжалось.

— Заходи как-нибудь, — предложил он. — Она и в самом деле скучает. Хоть и никогда не признается.

Он надел шлем, завел мопед. Кивнул несколько раз подряд.

— Рад был с тобой поговорить, Нор.

И уехал.

Я медленно пошла обратно. Мимо футбольного поля. По лесу, который больше не лес. В прошлом году все изменилось. Футбольный клуб получил повышение в классе, и всю территорию обустроили заново. Вырубили десятки деревьев. Проложили за полем бетонную дорогу. Папа говорил, это незаконно — ни с того ни с сего прокладывать дорогу через лес. Но местные власти дали разрешение.

В один прекрасный день началась стройка, и никто и моргнуть не успел, как все уже закончилось. Прошло еще столько же времени, и я уже не могла вспомнить, как было раньше.

Зои сидела на скамейке рядом с задней дверью. И смотрела на меня с любопытством.

— Кто это был? Кто он такой, этот Маттиа?

Не твое дело, Зои.

— Сосед. Раньше я думала выйти за него замуж.

— Красивый парень, — сказала она как-то слишком беззаботно. — Если он еще и человек хороший...

— Давай не будем больше о нем говорить.

Зои вздохнула. Она потянула меня за руку и усадила рядом с собой на скамейку.

Она хотела что-то спросить, но я ее опередила.

— Замуж за него я собиралась шесть лет назад. Если ты сама считать не умеешь, мне тогда было десять лет. Знаешь, люди меняются.

— Да что с тобой, Нор?

Мне хотелось, чтобы она ушла. Веселая, солнечная Зои, которая всегда все понимает. Ничего она обо мне не знает. Я закрыла уши. За последние годы я неплохо научилась это делать. Я научилась закрывать уши изнутри. Я видела, как шевелятся ее губы, я слышала ее слова, но перестала их понимать.

Она потрясла меня за руку. Я услышала свое имя и вырвалась.

— Хватит, Зои, — сказала я.

— Почему ты не можешь просто сказать, что влюбилась?

Я чуть не рассмеялась.

— С чего ты взяла, Зои?

Она вздохнула.

— Ну ладно. Ты не влюбилась. А я влюбилась.

— Ты?! В кого? Я его знаю?

Она кивнула.

— Хорошо, я тебе расскажу. — Она вздохнула еще раз. — В Виктора. А он меня даже не замечает.

Я смотрела на нее с открытым ртом.

— И закрой, пожалуйста, рот, а то ты смешно выглядишь.

— В Виктора?

— Он классный. И всем нравится, между прочим. Только тебе не нравится, и это заметно. И, естественно, он влюбился именно в тебя. Только не подумай, что я никогда на тебя не злюсь. Ты и так почти во всем лучше всех, а еще и Виктор тебе достанется, если ты захочешь.

Виктор в меня влюблен?

— Мне иногда кажется, что ты слепая.

— Мне не нужен Виктор.

— Понятно. Тебе никто не нужен.

Она не улыбается. Она на самом деле так думает.

— Я все время оказываюсь как перед закрытой дверью. Ты захлопываешь ее перед самым моим носом. Не даешь мне войти. Как будто там страшные тайны. Ты на самом деле думаешь, что ты не такая как все? Думаешь, я до смерти испугаюсь, если узнаю про то, что ты так хочешь от меня скрыть?

— Ты не знаешь, о чем говоришь.

— Да ладно тебе, Нор. Глупости. Мир не такой большой, как ты думаешь.

Боже, о чем она? Неужели она знает? Откуда? Ее же там не было? Она не из нашей деревни, она не может знать этих сплетен.

Ну почему папа тогда отказался от своей идеи? Почему мы тогда не уехали в Америку? Мы могли начать новую жизнь, и дело с концом. Были бы там обычными людьми, не сделавшими ничего дурного. А однажды нас бы не стало, и наши новые друзья оплакивали бы нас. Потому что в этой новой стране у нас было бы много новых друзей.

Если бы можно было повернуть время вспять. Если бы можно было стереть все, что пошло наперекосяк. Потому что когда-то все было хорошо. Когда наша улица была целым миром, и в нем хватало места и Рози, и мне. И Линде тоже.

Недалеко от нашей деревни была угольная шахта. Шахтеров не хватало, и их вербовали в Италии и Испании. Так много лет назад приехал в нашу деревню отец Рози. Для итальянцев и испанцев шахта строила целые жилые кварталы, но Эдоардо, отец Рози, не хотел жить там, где все дома похожи один на другой. Первое время он жил у друзей, а когда скопил достаточно денег, купил дом на нашей улице, привел его в порядок и уехал в Италию жениться на матери Рози. После свадьбы они привязали чемоданы на крышу машины Эдоардо и ехали не останавливаясь до самой нашей улицы.

Как и у моих родителей, у них родилось двое детей. Маттиа и Рози.

Рози родилась на несколько месяцев раньше меня. Вообще-то ее звали Розанна, но так ее называл только отец. Маттиа был на два года старше нас и считал себя чуть ли не властелином мира. Поэтому нет ничего удивительного в том, что мы с Рози скоро оказались в обществе друг друга.

Рози была красивая девочка. Она часто говорила мне, что я тоже красивая, но я ей, конечно, не верила. Я была бледная, а она смуглая, у меня были волосы как у всех, а у нее — какие могут быть только у Рози. Длинные черные кудри, и ее мама иногда втирала в них оливковое масло, чтобы они еще больше блестели.

Она была у меня самым любимым человеком на свете. И она говорила, что я у нее тоже.

У нас был дом, где мы могли играть, а еще у нас был лес — за нашими садами. Лес был не очень большой. Сквозь деревья с другой стороны просвечивало футбольное поле.

Это был не наш лес, ни тогда, ни сейчас. Родители не могли бы купить нам лес. «У нас нет курицы, несущей золотые яйца», — частенько ворчал отец, когда мне было что-нибудь нужно. И нет печатного станка, мы не гребем деньги лопатой.

И все же лес был наш. У каждой из нас было свое дерево, на которое мы залезали, когда хотелось залезть на дерево, мы знали, где растут грибы, которые нельзя трогать руками, а где папоротник, под которым якобы живут гномы.

Мы играли в мир, в котором мы хотели бы жить. Мы были совершенно счастливы.

А потом приехала Линда.

Линда — корова. Я часто так думала про себя, но вслух никогда не произносила. Это была наша подружка, а подружек обижать нельзя. Кому же хочется быть похожей на корову?

Она была толще всех, кого я знала. Большая и медленная. И заторможенная. Всюду ходила за нами. Не знаю, ведут ли себя так коровы, но вполне возможно.

То, что она была похожа на корову, нам не мешало. Ничуть.

В один прекрасный день она переехала на нашу улицу вместе с тремя сестрами, папой и мамой. Шестеро, и все такие большие. Линде было семь лет, но она тоже была большая.

В тот вечер мы с Рози позвонили к ним в дверь и спросили, не хочет ли их дочка с нами поиграть. Младшая дочка — но это и так было понятно. И ей разрешили, потому что стояло лето и на улице еще было светло.

Нам шесть лет, сообщили мы. В сентябре мы будем учиться читать и писать. Линда сказала, что давно умеет и читать, и писать, и даже считать, но как бы и не очень и поэтому будет учиться с нами в одном классе. И ей уже семь. Это произвело на нас большое впечатление, и мы молча кивнули. Рози и Нор, представились мы. А во что она больше всего любит играть? В прятки, ответила Линда. Вот и здорово, это мы тоже любим, давайте играть в прятки. Мы решили, что водить будет Рози, и я повела Линду в лес за нашими садами.

В тот вечер я почувствовала, какая Линда мягкая и как жадно она прижимается ко мне всем телом. От этого меня бросило в жар и даже перехватило дыхание. Она спросила, все ли в порядке, и я сказала, что да. Прикрыла ей рукой рот и велела вести себя тихо. Она послушно кивнула. Прямо живой пупс, а не девочка, розовый пупс, такая специальная модель, чтобы щипать.

Она так тяжело навалилась на меня, что я чуть не упала. Я ее оттолкнула. Легче от этого не стало; наоборот, она придвинулась ко мне еще ближе. Того и гляди раздавит.

— Ты мне нравишься, — вдруг сказала она. И улыбнулась такой широкой улыбкой, что я поняла, что действительно ей нравлюсь.

Нам с Рози она тоже нравилась.

Конечно, Рози оставалась моей самой любимой на свете подругой, а я — ее. Но на троих придумать игру легче, чем на двоих. А Линде нравилось все, во что мы предлагали поиграть. Она в свою очередь была страшно рада, что у нее есть мы. Как же она ненавидела своих сестер! И правильно делала, потому что сестры ее тоже ненавидели. Они называли Линду «наша толстуха». Мы с Рози считали, что одного этого уже достаточно для ненависти.

Все три сестры были светловолосые и белокожие. «Высокие стройные красавицы, — говорили про них, но тут же добавляли: — Жаль только, что их младшая подкачала».

А нам было все равно, что Линда толстая.

Каждый день после школы мы играли. Больше всего мы любили играть, как будто мы — это не мы. Иногда я была папой, а Рози — мамой, иногда наоборот. А Линда всегда была нашим ребенком. Иногда мы играли, как будто мы с Рози только что познакомились, и тогда Линда была священником на нашей свадьбе. И никто никогда не проигрывал.

Это было давно. Когда все еще было хорошо.

Зои смотрела прямо перед собой. Я пыталась понять, что ей известно. И почему она подружилась со мной, несмотря ни на что.

Я хотела что-нибудь сказать, что-нибудь легкое, чтобы все то, что мы сказали до этого, исчезло навсегда, а заодно все мои тревожные мысли. Но ничего легкого в голову не приходило.

Прошел час, или полчаса, а может быть, всего лишь минута, а потом Зои потянулась, положила ногу на ногу и сказала мне, что у нее целая куча времени и что она не уйдет, пока я не расскажу, ведь мы друзья, а друзья на то и друзья, чтобы принимать человека таким, какой он есть, правда?

Или, может, она ошибается и мы вовсе не друзья? Эти слова висели в воздухе, но она их не произнесла.

— Несчастный случай, — сказала я.

Губы мои слиплись. На языке лежал камень, такой тяжелый, что я сомневалась, стоит ли начинать говорить.

— Несчастный случай, — повторила я. Больше я ничего не могла из себя выдавить.

— Я знаю, — сказала Зои.

Я взглянула на нее с удивлением. Она смотрела на меня так спокойно, что я сделала глубокий вздох и продолжила:

— Страшное несчастье.

Камень у меня во рту стал еще больше, я еле могла говорить.

— Я знаю.

Она такая умная. Она все понимает и поэтому говорит то, что пытаюсь произнести я:

— Ты там была.

— Линда, — продолжила я, — она умерла. Взяла и умерла.

— Но ты же не виновата. Ты же сама это знаешь.

— Откуда... — Я замолчала.

Она обняла меня.

— Откуда я все это знаю, да, Нор? Однажды тебя не было, и Виктор спросил у Тони, правда ли то, что о тебе говорят, и Тони ответил, что правда и что ты очень переживаешь, так что лучше с тобой об этом не говорить. Может быть, как-нибудь потом. Если ты сама заведешь разговор.

Это правда? Разве я так сильно переживаю? Почему же я сама об этом не знаю?

— Кто еще знает?

— Тони, Виктор, я. Ну, еще несколько человек, может быть.

— Кошмар.

Камень становился все больше, теперь он уже заполнял всю меня, все мое тело. Я больше не хочу с ними встречаться, потому что теперь я буду видеть это на их лицах. Не смогу вести себя с ними, как раньше.

— Нор?

— Что?

— Виктор от тебя без ума.

— Я не знала.

— Как ты думаешь, мог бы он в тебя влюбиться, если бы знал, что ты сделала что-то ужасное?

Вообще-то у плохих людей тоже бывают мужья, и жены, и даже дети.

Я пожала плечами.

— Нор?

— Оставь меня, пожалуйста.

Я встала.

— Пойдем в дом, — сказала я и добавила из вежливости: — Идешь?

Она посмотрела на меня так по-доброму, что мне стало нехорошо.

— Да. На улице уже прохладно.

Вдруг я почувствовала, что успокоилась.

— Извини, Зои. Я сама себя не понимаю.

— Я себя тоже не всегда понимаю, — улыбнулась она. — Как меня угораздило влюбиться в такого идиота, как Виктор? — Она вздохнула.

— Так бери его себе, — сказала я.

— Я бы взяла, — ответила она. — Но так не бывает.

— Так не бывает, — повторила я. Как будто я в этом что-то понимаю.

Мама спустилась на первый этаж с ведром и тряпкой.

— Я закончила, — сказала она и отставила ведро к стене.

Она уже надела свое выходное платье, а сейчас достала из шкафа новые туфли и сняла с вешалки самое красивое пальто. Слегка тронула губы темно-красной помадой. Мама у меня красавица, вдруг подумала я.

— Ну вот, — сказала она. — Одевайся. Поедем в город покупать тебе подарок, завтра у тебя день рождения.

«Покупать тебе подарок». Как будто мне шесть лет, а не шестнадцать.

— Я хочу красные брюки, — сказала я вдруг.

— Красные? Зачем?

— Просто так. Мне нравится. И не просто красные, а ярко-красные и очень широкие.

— Нор! Такое никто не носит!

Я так точно не ношу. Всегда хожу в обычных темно-синих джинсах.

— Неправда. Это сейчас очень модно, я уже много у кого видела...

— Спорим, у Зои таких нет, — перебила меня мама.

Так нечестно. У нас с Зои совсем разный вкус. Вдруг мне захотелось быть смелой. И носить то, что мне нравится.

— Ярко-красные, — повторила я.

Я услышала, как мама вздыхает.

— Но это так вызывающе. Люди будут обращать на тебя внимание.

— Тебе так важно их мнение? А может, пусть они катятся со своим мнением куда подальше?

Она густо покраснела. Потерла себе лоб. Кивнула.

— Ты права, — сказала она. — Если ты хочешь красные, значит красные.

Люди. Опять люди.

— Ах да, совсем забыла. Заходил Маттиа, как только вы с Зои ушли.

Мы подходили к машине. Мой взгляд невольно скользнул к соседнему дому. К бункеру, в дверь которого никто никогда не звонит и откуда никто никогда не выходит.

— Мы его встретили, — сказала я маме. — У футбольного поля.

— И что? — спросила она, как-то слишком оживленно.

— И ничего, — ответила я. Если я расскажу маме о Рози, она начнет задавать вопросы и строить догадки. А я этого не хочу.

Может, Маттиа все преувеличивает и Рози просто слегка одиноко. Неудивительно. Мне бы тоже было одиноко, если бы мой дом превратился в бункер.

— Я еще подумала: может, он принес тебе подарок. От них с Рози. Шестнадцать лет ведь бывает только раз в жизни.

— Мама!

— Почему бы и нет? Вы же не ссорились?

— Нет, но...

— Ну вот.

— А они с Рози...

Мы сели в машину, Зои и Тео сели на заднее сиденье.

— Жизнь — странная штука, Нор. И хорошо, что так.

Мама говорила с удивительной теплотой. Она не прикоснулась ко мне, не обняла, но оказалась вдруг так близко.

27 195

Смотрю на часы. Все отлично, даже быстрее, чем я думала. Еще двадцать семь километров. Прямо передо мной — двое мужчин. Мы незнакомы, и мы бежим по отдельности. Они старше и лучше накачаны; будет просто чудо, если мне удастся продержаться с ними наравне.

Женщины участвуют в марафоне в Берхеме впервые. Нам тут не очень рады. Я вспоминаю того человека, который назвал меня мужиком в юбке.

Могло так случиться, что я, а не он, стояла бы сейчас у края трассы. А если бы я послушалась всех умных советов, то вообще бы в этом году не бежала. И в следующем тоже.

Может, они в конце концов окажутся правы. Может, я скоро сдамся. Мышцы перенапряжены, запасы жира израсходованы, дыхание кончилось. Я не сверхчеловек. Я женщина и не гожусь для марафона.

Если всем верить.

Я хочу думать о другом. О чем-нибудь, что даст мне крылья. Вспоминать то, от чего я буду лететь над землей. Мне не надо судорожно рыться в памяти, образы из далекого прошлого приходят сами, они наполняют меня своими запахами, и цветами, и теплом. Они тянутся из того дня, когда мне исполнилось десять лет, когда вдруг в одночасье наступило лето, и папа подарил мне лучший в мире подарок, и я влюбилась в Маттиа.

Напольные часы пробили семь раз. Сегодня мне наконец исполняется десять. Пора бы уже начинать. Я включила радио на полную громкость и пошла на кухню, оставив дверь нараспашку. Уже через пять минут все были на месте: папа с мамой и Тео у них за спиной.

— Ой-ой, — сказала мама, — мы проспали.

Папа не сказал ничего. Он наклонился ко мне, потрепал волосы и поцеловал.

— Теперь ты наполовину большая, — сказал он.

Я посмотрела на папу и увидела, как его лицо расплывается в улыбке, серые глаза становятся светло-зелеными и исчезает морщина между бровей, и я подумала: мой папа самый красивый в мире. И тогда он сказал:

— У меня для тебя кое-что есть. Только придется выйти из дома.

Посадив меня к себе на плечи, папа пошел в лес, мама и Тео шли сзади. Было около половины восьмого, между деревьями еще висел легкий утренний туман. Мы были в куртках и поэтому не мерзли. Мама несла корзину — что там, завтрак? Я терялась в догадках. Есть на природе еще рановато, хоть сейчас и апрель. И все же пару раз было слышно позвякивание чашек, и мама громко говорила «ой-ой!», чтобы я не догадалась, что в корзине.

— А теперь ищи, — сказал папа и поставил меня на землю.

Я посмотрела вокруг. За спиной у меня было футбольное поле. Я повернулась и пошла в ту сторону.

— Тепло, — сказал папа.

Расстояние между деревьями все увеличивалось — вроде бы проще искать, но я не видела ничего особенного. Я расставила руки в стороны и стала кружиться на месте.

— Где? — крикнула я. — Я больше не могу!

— Горячо, — это все, что ответил папа.

Я стояла под деревом, на котором часто сидела, когда наблюдала за игрой на поле. Может, на него залезали и другие дети, но я никогда их не видела, так что дерево по праву принадлежало мне.

Это был большой дуб с толстыми крепкими ветвями — будто специально для лазания. Я скользнула взглядом по широкому стволу. И тут наверху я увидела домик.

Я стояла и смотрела вверх с открытым ртом, пылающими щеками и застывшими в воздухе руками. Наверное, это выглядело смешно.

— Кто его сделал? — спросила я минут через пять.

— Он, — показала мама.

— Папа?!

— Ну вот, — спокойно сказал папа. — А ты думала, я ничего не умею?

Я промолчала и покраснела еще сильнее. Опять посмотрела вверх. Домик был высоко над землей, и, только отступив назад на несколько шагов, я увидела, что у него есть окно, дверь и крыша.

— Как в кино, — сказала я.

Папа рассмеялся.

— Здорово, да?

— Класс!

— Есть веревочная лестница, — сказал папа, — но она лежит внутри. Ее можно скинуть, если захочешь пустить к себе кого-то, кто плохо лазает по деревьям. Но ты-то умеешь, и я решил специальную лестницу не строить. Давай, попробуй подняться.

Я обошла дерево и не нашла, куда бы поставить ногу. Нижние ветки папа спилил. Попробуем так, подумала я. Обхватила ствол руками и тут же, подпрыгнув, — ногами. И повисла на высоте полметра от земли.

— А теперь что? — крикнула я.

— Теперь ногами, Нор.

Рассердившись, я соскользнула вниз. Я ему что, супергимнастка?

— Знаешь что, — сказал папа, — давай я тебе покажу.

Взял и залез на дерево.

— Твоя очередь, — сказал он, спустившись обратно вниз.

И все получилось само собой.

В центре домика стоял низкий деревянный стол. Мама поставила на него корзину, пропела «та-дам!» и сдернула с корзины большую полотняную салфетку.

— Завтрак, — объявила она, и все рассмеялись, потому что это и так было понятно.

Когда мы уже наелись, я вдруг услышала, что кто-то громко-громко зовет меня по имени. Это были Рози с Линдой.

— Где-е-е ты-ы-ы? — кричали они во все горло.

— Ищите са-а-ами!

Не прошло и полминуты, как я услышала их голоса под деревом.

Я с удивлением посмотрела на папу. Ничего не понимаю. Как они так быстро нас нашли?

Он подмигнул мне.

— Наверное, Эдоардо им рассказал, — сказал он.

— Эдоардо?

— Он мне помогал, — сказал папа. — Один бы я не справился. Пусть уж лучше домик будет прочный, чем он сразу развалится, когда вы заберетесь в него вдвоем, а тем более втроем.

А тем более с Линдой. Хорошо, что есть веревочная лестница, иначе Линде было бы не подняться. За последний год она еще больше растолстела. И с ней перестало быть так весело. Ей все время что-то не нравилось, и она стала еще больше потеть. Это от того, что она такая толстая, говорила мама, и Линда в этом не виновата. Это такая болезнь.

Нам с Рози было жаль Линду. И мы продолжали с ней дружить. Нельзя же перестать общаться с человеком только за то, что он растолстел, или за то, что потеет. А когда она начинала на все подряд жаловаться, мы просили ее помолчать. То же самое они говорили и мне, когда им казалось, что я зря жалуюсь. Так что вот так.

— Сначала мы вниз, — сказал папа и стал спускаться, прихватив с собой корзину, маму и Тео. Линда и Рози забрались наверх.

— Это мой папа построил, — сказала я Линде, которая не могла прийти в себя от восторга. — Сам.

Я посмотрела на Рози.

— И ее папа, — добавила я.

— Он только доски помогал держать, — сказала Рози. — Больше ничего.

— Мой папа никогда бы такое не построил, — вздохнула Линда.

Она достала из кармана платок и вытерла пот со лба.

— Даже если бы захотел. Вот бы мне такого папу!

А я улыбалась — никак не могла остановиться.

— У нас для тебя тоже есть подарок, — сказала Рози. Давай, доставай, — жестами показала она Линде.

Линда положила руку в карман и достала оттуда маленький сверток.

Внутри было кольцо, а на бумажке было написано «moodring».

— Это кольцо настроения, мудринг, — сказала Линда.

— Moodring, — согласно кивнула Рози. — Линда, «г» в конце говорить не надо, это же по-английски.

— Да знаю я.

Это было серебряное кольцо с большим черным камнем. Я надела его на средний палец. С обратной стороны кольцо было не запаяно, и я немножко его сжала, чтобы оно стало моего размера.

И вытянула правую руку с кольцом вперед.

— Мне очень нравится, — сказала я.

— Хорошо, что нравится, — сказала Рози. — Ведь оно приехало издалека.

Оно приехало из Италии. Рози была там прошлой зимой, одна из ее теть выходила замуж. В одном маленьком магазинчике Рози нашла это кольцо. Она наскребла, сколько нужно, из своих карманных денег, чтобы это был подарок от нее.

— Вот только ей, Линде, эта идея не понравилась, ей обязательно нужно было отдать мне половину денег.

— Это необычное кольцо, — вздохнула Линда.

— Эй, это я должна была рассказать, — обиделась Рози.

Линда покраснела.

— Ой, извини, Рози, я совсем забыла.

— Ну, рассказывай уже! — воскликнула я.

Рози кивнула.

— Ладно. Секрет вот в чем: если ты сильно радуешься, или сильно злишься, или боишься, или тебе грустно, то кольцо меняет свой цвет, оно становится сине-зеленым. Так сказала мне продавщица в том магазинчике. Надеюсь, оно на самом деле меняет цвет.

Я долго смотрела на кольцо.

— Пока оно черное.

— Мне надо вам кое-что рассказать, — вдруг сказала Линда.

— Многие лета, многие лета!.. — вдруг запел кто-то внизу.

Мы удивленно переглянулись. Чей это голос, Маттиа? Не может быть. Мы ему не нужны, мы же для него глупенькие. Он нам, кстати, тоже не нужен. Я хотела подойти к окну, но Рози схватила меня за руку.

— Сиди на месте! — прошептала она. — И ты, Линда, тоже!

— Мне надо вам кое-что рассказать, — повторила Линда.

— Тихо, — прошипела Рози. — Потом расскажешь.

Так мы и сидели, и к нам в домик лилась старинная песня, которую всегда поют на день рождения. Прошло немало времени, пока он пропел все куплеты, до самого конца: про то, как я буду есть рисовую кашу золотой ложкой. Пел он очень красиво.

Я встала и выглянула в окно.

— Привет, Нор! — крикнул Маттиа. — С днем рождения!

Я кивнула.

— Красиво поешь, — похвалила я. — Можешь стать певцом.

Маттиа покраснел и пожал плечами.

Я отодвинулась от окна.

— Он покраснел! — прошептала я. — Будто сейчас взорвется!

Я не собиралась ничего такого говорить, это само вырвалось, потому что увиденное меня заворожило. У него даже нос покраснел — это было так удивительно. Я опять высунулась из окна.

Его нос был огромный, совсем как у взрослого, Маттиа очень его стеснялся. Иногда мне даже казалось, что этот нос у него был не с самого начала, что его уже потом приставили.

Такой длинный узкий нос, словно нож, разрезающий лицо на две половинки. Ему повезло, ведь с таким же успехом у него мог оказаться короткий широкий нос. Или широкий и длинный, тогда было бы совсем ужасно.

И еще вот что. Кончик носа у Маттиа так сильно загибался ко рту, что он мог бы запросто слизывать свои сопли, будь он свинтусом. Рози однажды сказала, что ее брат похож на ведьму. Мне так совсем не казалось. Даже если бы он был девочкой, он бы не был похож на ведьму.

Мы высунулись из окна все втроем.

— Что тебе тут надо? — спросила Рози.

— Я пришел поздравить Нор, — ответил он. — Я принес ей подарок.

— Просто он хочет попасть в домик, — прошептала мне Рози. — Твой домик ему очень нравится.

— Поднимайся к нам, — сказала я.

— Ты чего? — удивилась Рози.

— Это мой домик, — ответила я. — Мне и решать, кого пускать, а кого нет.

Я сбросила ему веревочную лестницу.

И вот он уже в домике. Он кивнул мне и улыбнулся. Вообще-то Маттиа обычно не улыбался, нам уж точно.

— Где твой подарок? — спросила Рози.

Я посмотрела на Маттиа.

— Фокус-покус, — сказал он и достал из-за спины нарцисс. — Специально для тебя, Нор.

— Спасибо, — сказала я. Я еще не совсем поняла, нравится мне это или нет. Понюхала цветок: пахнет морем. Я чуть не рассмеялась, я еще не встречала цветов, которые бы так пахли. Нарцисс был ярко-желтый. И я решила для себя, что нравится. Посмотрела на Маттиа, но он уже высунулся из окна.

— Тут у тебя прекрасный вид. — Он присвистнул.

— А теперь исчезни, — сказала ему Рози.

— Оставь его в покое, — примирительно сказала я. — Ты не голоден?

Он был голоден и съел сэндвич, а потом еще один.

— Отличный домик, — вздохнул он.

— Откуда-то пахнет морем, — вдруг сказала Рози.

Она взяла со стола сэндвич, понюхала его и покачала головой. Потом схватила нарцисс и поднесла его к носу. Принюхалась.

— Чем ты на него попрыскал? Надеюсь, не освежителем, который стоит у нас в туалете?!

— А что, отличный запах, — сказал Маттиа.

— Фу! Гадость! — Рози толкнула меня локтем. — А ты что скажешь, Нор?

— Нормально.

— Давай, иди уже, — сказала Рози.

— Приходи потом еще, если хочешь, — сказала я Маттиа.

— И принеси настоящий подарок. А не цветок, который ты где-то украл.

Рози так его толкнула, что он чуть не упал, но успел ухватиться за дверной косяк. Обернувшись, он посмотрел на нее со всем возмущением, на какое был способен.

— Ничего я не крал!

— Все в порядке, — сказала я. Если даже и украл — что в этом страшного. Наоборот, смелый поступок.

Маттиа спустился по лестнице.

— Кажется, ты влюбилась, — сказала мне Рози. — А ты как думаешь, Линда?

Линда не ответила. Она сидела на окне, спиной к лесу. Набрала побольше воздуха.

— Мне надо вам кое-что рассказать, — сказала она в третий раз за это утро.

У нее есть секрет. Это слышно по ее голосу, видно по тому, как она покраснела.

— Мне теперь надо быть осторожной с мальчиками, — сказала она наконец.

— Что за глупости, — сказала Рози.

— Это правда. — Она нетерпеливо закивала. — У меня может родиться ребенок.

Мы с Рози засмеялись, как сумасшедшие.

— Не смейтесь так! Я правду говорю. Вы ничего не понимаете.

Она говорила так серьезно, что мы сразу перестали смеяться.

— Я хочу мальчика, — вздохнула она глубоко. — Такого, как Тео. Может, я выйду замуж за Тео. Потом, когда он вырастет. Он уже сейчас такой хороший! И у нас родится такой же сыночек. Я буду этого сыночка все время обнимать и целовать. И мне никогда не надоест. И ему тоже.

— Откуда ты знаешь? — взволнованно спросила Рози. — Что можешь родить ребенка, я имею в виду. Это секрет? Ты нам расскажешь? Мы ведь с тобой подруги?

Линда так и сидела на окне. Рози стояла рядом с ней и опиралась на нее. Слишком близко, подумала я.

Обо мне они напрочь забыли. А ведь это у меня сегодня день рождения. У меня были липкие от пота руки, я решила вытереть их об одежду, но вдруг что-то зацепилось за футболку. Кольцо. Я совсем о нем забыла.

Камень был сине-зеленым.

— Смотрите! — воскликнула я. — Оно изменилось!

— Как красиво! — сказала Рози.

— Можно я тоже попробую? — спросила Линда.

Я колебалась. Сейчас мне как раз не хотелось его снимать, сейчас, когда случилось маленькое чудо: кольцо может чувствовать.

— Ну Нор, на чуть-чуть. А потом я вам все расскажу.

— Дай ей, Нор, — сказала Рози.

И я дала Линде кольцо. Потому что они так упрашивали.

И Линда нам все рассказала. У нее месячные, сказала она. Что-то про кровь и все такое. И что с этого момента все становится по-другому. Я не поверила ни одному ее слову.

— А теперь верни мне мое кольцо.

— Можно к вам?

— Опять он, — вздохнула Рози. — Только если у тебя есть подарок! — крикнула она в окно.

— Есть, — крикнул Маттиа в ответ.

Я посмотрела в окно и увидела, как он быстро залезает наверх. Из рюкзака он достал сверток.

Я сорвала бумагу. Под ней оказалось круглое зеркало со специальным крючком, чтобы вешать на стену.

— Так нечестно, — сказала Рози. — Мне ты еще никогда не дарил подарков, а ведь я твоя сестра.

Он пожал плечами.

— Надеюсь, тебе нравится, — сказал он мне.

Я кивнула. Хотела что-нибудь сказать, но не нашла слов. Повернулась к Линде, стоявшей у двери.

— Красиво, да? — спросила я у нее.

Линда не ответила на мой вопрос.

— Значит, мне надо уходить, — вздохнула она. — Нор, я не могу здесь оставаться.

— Тогда иди, — сказала я.

Линда слегка распрямила плечи.

— Ну что ж, ничего не поделаешь, — сказала она. — Мама говорит, теперь все будет по-другому.

И спустилась.

— Что это с ней? — спросил Маттиа.

— Тебя это не касается, — ответила Рози.

Маттиа взял себе еще один сэндвич, а я стала искать подходящее место для зеркала. Рози свесилась из окна.

— Я, пожалуй, пойду, — сказал Маттиа со вздохом.

И мы остались одни.

— Ты в него влюбилась. Так и скажи!

Я еще никогда не влюблялась. Откуда же мне знать, как это? Еще надо выяснить, понравится мне или нет.

25 195

Я улыбаюсь этим воспоминаниям. Домик был великолепный, это правда. А Маттиа прямо из кожи вон лез в тот день. Мы вдруг перестали быть для него глупенькими.

Влюбился ли он в меня уже тогда? Да нет. В тот день он мог точно так же влюбиться в Линду, если бы ей подарили домик на дереве.

Колющая боль в боку. А еще столько километров впереди. Только не паниковать. До сих пор такая боль всегда проходила сама по себе. Всегда-всегда.

Сегодня я не хочу думать о Линде. Сегодня я хочу только бежать, мне и так сложно. Но я не могу поделить свои мысли на две части — тут приятные, а тут нет, — и одним махом взять и стереть все неприятные начисто.

Может, на один день и получилось бы.

Но Линда присутствует во всех моих мыслях и во всех воспоминаниях.

Боже мой, как же я пробегу этот марафон, если буду все время нервничать?

Прекращай, Нор. Следуй за дыханием, направь свое внимание на то, как легко ты бежишь. И тогда мысли растворятся. Скоро, когда станет по-настоящему трудно, голова опустеет сама по себе.

Но я не хочу бежать с пустой головой. Я — это мои мысли, мои воспоминания, мои чувства. Я же сама это знаю. Ведь это происходит со мной каждый день.

Но почему же именно сейчас все люди из прошлого так настойчиво возвращаются ко мне, как будто я в первый раз встречаюсь с ними в своей голове и в своем теле и должна каждому заново найти его место, уже в тысячу пятисотый раз?

Это когда-нибудь кончится?

В ночь перед моим шестнадцатым днем рождения мне приснился сон.

Как будто мне должны перерезать голосовые связки. Врачи говорят, что по какой-то непонятной причине мне так будет лучше. Я еду в больницу. Там я лежу на операционном столе, и мне дают наркоз. Надо мной наклоняется доктор с большими щипцами. И вдруг у меня начинается паника. Так нельзя. Я потеряю голос. Мне придется научиться говорить по-другому, и меня никто не узнает.

Я проснулась с ощущением, будто это не сон, а все так и было на самом деле.

Утром я встала с тяжелой головой. Всем сказала, что плохо спала. Снились всякие кошмары. Выдержала испытывающий взгляд мамы и немой вопрос папы.

Я спустилась вниз в своих новых красных штанах. Зои заколола мне шпильками волосы наверх, и, когда мы шли к машине, папа сказал, что я отлично выгляжу. И что я повзрослела. В последнее время он часто говорил что-то подобное.

Куда мы едем, он не признавался, но, судя по тому, что мы повернули в сторону города Генк, — скорее всего, в Бокрейк. Как и последние пять лет на мой день рождения.

— Надеюсь, мы не в Бокрейк, — усмехнулась я.

— Нет-нет, — ответил папа. — Мы едем в другое место. Намного дальше.

— В Америку, — предложила я.

— Еще дальше.

— На Луну.

— Еще дальше.

Тут я замолчала, потому что поняла, что все-таки мы едем в Бокрейк.

В машине было тесно. Тео, как самого младшего, посадили в середину, и ему пришлось терпеть. Когда у кого-то день рождения, всем приходится что-то терпеть, кроме именинника. Имениннику можно выбирать.

Есть ли у меня выбор?

Тогда я выбрала бы домик на дереве и чтобы там были Рози и Маттиа. И Линда.

Мы вышли из машины. Зои взяла меня под руку. Мне хотелось ее оттолкнуть, но я не стала, а шла и слушала, что она рассказывает. У нее была целая куча историй. Может, она их специально приберегла на сегодня? Или они ей прямо сейчас приходили на ум? Я все время молчала.

Я делала все то же, что остальные: сидела на пикнике, потом бегала вместе с Тео по детской площадке, потом гуляла вокруг прудов, а потом села вместе со всеми в машину, чтобы ехать домой. И я держалась, не подпускала мысли, которые лезли мне в голову. Но, когда мы доехали до нашей улицы, где дома, а за домами — лес, а в лесу — такие места, где могут умирать дети, мысли все равно меня обступили и от них уже можно было сойти с ума.

В гараже я надела свои кроссовки.

— Хочу пробежаться, — сообщила я всем.

— Хочешь, я с тобой? — спросила Зои.

Я пожала плечами, надеясь, что она догадается.

Она догадалась.

— Ах да! За мной ведь скоро приедут.

Я сказала ей спасибо за то, что она осталась у меня ночевать. Мама сказала, что невежливо уходить, пока за Зои еще не приехали родители, но мне было уже не до этого.

— Мне надо побегать, — сказала я маме, — извини.

Мама нехотя кивнула

— Иди, — сказала она. — Но так нельзя.

А когда почти сходишь с ума — можно? Когда твои мысли все время устремляются в одно и то же русло, всплывают одни и те же образы, одни и те же вопросы, а тебе ужасно страшно, что они накроют тебя целиком, и так и происходит, они увлекают тебя за собой, и тебя начинает трясти от страха, ты потеешь и чувствуешь, что сердце колотится чаще ста тридцати ударов в минуту. Мама это понимает?

Буду бежать как можно быстрее, решила я, пока не перестанет биться сердце. Бывает, во время занятий спортом сердце останавливается, даже у молодых спортсменов. Это была бы прекрасная смерть. И никто не догадается, что я специально. Никто не назовет меня трусихой.

Нет слов, чтобы описать, как я бежала в тот вечер. Но я не умерла. На улице было уже темно, когда я вернулась. Я села на тротуар перед домом вся в поту. Не могла дышать. Я поняла, что у меня не получится. Так умереть. И способ лучше я тоже не придумаю. Так что ничего не поделаешь, придется продолжать. Продолжать жить.

Может, я на самом деле сильнее, чем кажется.

На улицу вышла мама.

— Наконец-то, — сказала она.

И еще:

— Не сиди так, простудишься.

И еще:

— Я так люблю тебя, Нор.

Мама никогда такого не говорит. Поэтому я положила эти слова в комнату теплых слов. Где-то в голове у меня была такая комната. Для экстренных случаев.

Ночью я спала беспокойно, часто вообще лежала без сна. А днем ловила себя на том, что подолгу смотрю на дом соседей. Перед тем как ехать в школу. После школы, когда ставила велосипед у дома. Перед тем как бежать круги, и после, возвращаясь в поту домой.

И ни разу никто не выходил из этого дома, пока я так стояла и смотрела. Но я хотела знать, как она живет. Мне страшно надо было это узнать.

Значит, я сама туда пойду.

Немного постояла перед зеркалом. Надела свою самую красивую одежду. Потом сняла. Не на вечеринку же я иду, а к Рози.

Потом все-таки надела самую красивую одежду.

Я позвонила в дверь.

— Нор. Вот и ты.

— Вот и я.

— Заходи. Хорошо выглядишь.

— Маттиа!

— Честно.

Он закрыл дверь, пропустив меня вперед.

— Еще помнишь, куда идти?

— Помню, если только вы не снесли все стены.

— Ты бы услышала.

Вряд ли. У бункера толстые стены.

— Ты дома один?

Он кивнул.

— А-а, ее нет? Может, я тогда зайду попозже?

— Посиди у нас.

Я пошла за ним. На кухне — идеальный порядок. Цветы на столе. На подоконниках и буфетах — цветы в вазах и горшках. Обои в цветочек. Я остановилась у окна. У них в саду мы редко играли. Столько горшков с растениями. Их ни в коем случае нельзя было трогать. Мама от этого ужасно сердится, всегда предупреждала Рози. А сейчас их было уже не меньше сотни.

Маттиа подошел ко мне.

— Их с каждым годом все больше. Мама сама их выращивает. Она только ими и занимается. Мама.

— Я зайду позже.

— Через год?

Я помолчала.

— Ты сам заходи. Если будет что сказать.

— Не надо так, Нор.

Он прав. Так не надо.

Он набрал воздуха. Сложил руки на груди и уперся лбом в стекло.

— Рассказать тебе о Рози? — спросил он. — Тебе интересно?

Я коснулась его рукой. Он поднял глаза. Повернулся спиной к окну. Просто стоял передо мной и смотрел. Кивнул. Еще несколько раз кивнул. А потом сказал:

— У нее каждую неделю новый парень.

Тут я чуть не рассмеялась.

— Уже два года, Нор. Сама посчитай.

— Сто, — сказала я. — Сто парней.

— Примерно так. И еще кое-что.

Он сел за стол. Подпер голову руками.

— Говори, — сказала я.

— Ее поймали. Полиция.

— Из-за парней? — Я выдвинула стул и тоже села.

Мне показалось, он улыбнулся. Но потом я увидела, что он чуть не плачет.

— Она что-то украла. И ее поймали. Потом отпустили, потому что это было в первый раз.

— Слава богу, — на автомате сказала я.

— Но это было не в первый раз, Нор. Я знаю, она и до этого много воровала. Всякую ерунду, что ей не нужно. Это болезнь, но она не хочет лечиться. Она говорит, это не болезнь, а даже если так, то все само пройдет.

Мне надо было ее остановить тогда, много лет назад. Я бы могла.

— И вот теперь ее застукали. Она наверняка испугалась. Может, и в самом деле перестанет.

Если бы только я тогда не испугалась так сильно. Не оказалась такой трусихой.

Он пожал плечами.

— А тут еще эти сто парней. Как-то слишком много. Тебе не кажется?

Слишком тихий голос. Я знала, о чем он сейчас спросит. Знала, и все. Я не хотела этого слышать. И точно не собиралась отвечать.

— А у тебя сколько было, Нор?

— Ни одного, — сразу ответила я.

— Вот как? — изумился он.

— Ну ладно. — Я вдруг улыбнулась. — Один. Один итальянец с кудрями и большим носом.

Он помолчал. Потом сказал:

— Мы с тобой даже не целовались по-настоящему.

— Точно, — сказала я.

У меня запылали щеки. Я пыталась не краснеть, но никак не получалось. И я посмотрела на него. «А у тебя?» — хотелось мне спросить, но он сказал сам:

— Две девушки. Не считая тебя.

За все эти годы — две девушки. Сколько времени на каждую? Неделю, месяц? Или больше? А сейчас у него есть девушка? Это и есть та, вторая?

— Но тебя я тоже считаю, — сказал он. — Хотя мы и не целовались.

Он глубоко вздохнул.

— Как нам быть с Рози, Нор?

— А я знаю?

— У нее нет другой такой подруги, как ты.

Я не ответила.

— Может, попробуешь? Поговоришь с ней?

— Что я должна ей сказать?

— Ты всегда так хорошо ее знала. Ты найдешь нужные слова.

Ему легко говорить. А если она раскричится? Она же готова вспыхнуть в любую секунду, Рози.

— Тебе ведь не все равно, Нор? Не все равно, что с ней?

Если бы ты знал, насколько мне не все равно.

— А у тебя как дела, Нор?

Мне захотелось встать и пойти домой.

— Раньше ты была разговорчивее.

— Что было, то прошло.

— Не похоже, что ты очень счастлива.

Как будто у него сто глаз. И он всегда такой был. И Рози тоже. А вот Линда — нет. Я закусила губу, широко раскрыла глаза. Это не помогло — все равно навернулись слезы.

— Ну вот, — сказал он. — Что такое? Чемпионы не плачут.

— А я плачу, — рассердившись, сказала я. — Плачу, когда хочу. И я не чемпион. С чего ты взял?

Теперь уже он улыбнулся. Обнял меня одной рукой и притянул к себе.

— Газеты читаю, — ответил он. — Какое ты иногда показываешь время. Запомни мои слова, в этом году ты станешь чемпионом Бельгии.

— Я даже не участвую.

— Серьезно? — Он посмотрел на меня с таким удивлением, что я даже забыла сделать сердитое лицо.

Я кивнула.

— Ты с ума сошла, — сказал он. — Да ты и с одной ногой победишь.

Ну вот, и этот туда же. Я встала.

— Нор, у меня для тебя кое-что есть.

Он вместе со мной дошел до двери. Нашел на вешалке свою куртку и вынул из нее сверток.

— Подарок тебе на день рождения.

Это был секундомер. Я сразу поняла, что это хороший секундомер.

— Какой классный, — сказала я. — Я буду с ним бережно обращаться.

— Уж постарайся.

Я его перевернула. Задняя сторона блестела, как золото. Если протереть, можно смотреться в нее, как в зеркало. Я улыбнулась. Надо бы ему сказать, что его зеркало до сих пор у меня.

— Ты подумала? — спросил он потом. — Насчет клуба? Может, в субботу сходим туда втроем — ты, Рози и я? Отметим твой день рождения.

— Хорошо, — ответила я.

На каникулах тренировки не прекращались. Тони не любил, когда кто-то пропускал занятия. Да я и сама не думала сидеть дома.

Не успела я опомниться, как наступила суббота.

Я вышла из дома через переднюю дверь. В последнее время я чаще начинала маршрут с нашей улицы и заканчивала у футбольного поля. Сегодня как раз удобно бегать, все команды на выездных матчах.

В доме у соседей открылась дверь. Я удивленно обернулась.

— Готова к сегодняшнему вечеру? — спросил Маттиа.

— Вроде бы да.

— Не передумала?

— Раз обещала, так обещала.

Молчание.

— Рози сказала, что тоже придет, обязательно. Хочет познакомить тебя со своим новым парнем. Сказала, этот у нее надолго. Я не верю.

Он говорит как-то слишком быстро. Может, она вовсе не хочет меня видеть и он упрашивал ее всю неделю: пожалуйста, Рози, давай пойдем, Нор тоже хочет, очень-очень.

— Слушай, Маттиа, мне надо бежать. Скоро увидимся.

— Ты на пробежку?

— Да.

— Я с тобой.

— Если сможешь за мной угнаться.

— Ну-ну.

— Прямо в этой одежде?!

— Ничего страшного, я могу бежать очень быстро, если захочу.

— Ну давай, попробуй.

Я тут же сорвалась с места. Оглянулась и увидела, что он сразу же отстал на много метров. Мне вдруг стало радостно. Его слова, мои слова. Как будто у нас образовалась дыра в памяти, и все, что там было, исчезло навсегда, но сверху остались самые теплые воспоминания.

Я добежала до конца улицы и описала дугу вокруг домов, к футбольному полю. Сделала круг. Еще один. Только тогда он показался. Я подождала, пока он подбежит, чтобы сделать еще один круг с ним вместе.

— Невероятно быстро бегаешь, — тяжело дыша, сказал он. — Я продолжаю заниматься футболом, на тренировках мы часто бегаем, но это для меня слишком быстро. Беги сама, Нор. Я тебя подожду.

— Маттиа, собери волю в кулак. Всего один кружок, ладно? Беги так быстро, как можешь.

Откуда взялись все эти слова, эта не оставляющая меня радость? Какое-то время он еще бежал за мной, я слышала его сопение — того и гляди легкие выпрыгнут из груди. А потом он отстал.

Завершив круг, я подпрыгивала на месте, хлопала в ладоши, снова и снова выкрикивала его имя, пока он не подбежал. Потом повалилась на траву.

— Чудесно, — сказала я. — Какое удовольствие!

Он повалился на землю рядом со мной.

— Тяжело, — еще не отдышавшись, проговорил он. — Как я устал!

— Я тоже, — ответила я. — Без этого никак.

Я легла на живот и стала смотреть на него. Он лежал с закрытыми глазами. Он был весь красный, все лицо, нос, шея, руки, все участки тела, которые мне были видны. По вискам, вдоль ушей на шею стекал пот. Какие у него длинные ресницы. Как у девочки. Я начала улыбаться.

Он открыл глаза.

— О чем ты думаешь?

Я потрясла головой:

— Не скажу.

— Хм. Ну вот.

— Смотри не простудись, — сказала я. И протянула ему полотенце, которое все это время было у меня на шее. — Вытрись.

Он состроил гримасу.

— Ты им уже вытиралась, — сказал он. — Фу. Оно, наверное, все в твоем поту.

Я посмотрела на него с возмущением.

— Глупости. Я почти не вспотела.

Он сел и вытер лицо.

— Я пошутил, Нор. Про пот. — Он улыбнулся. — Я дико устал, — вздохнул он и опять лег рядом со мной. Его лицо — слишком близко.

Я отвернулась, задумавшись, долго ли он еще останется так лежать и что мне говорить, пока он тут. Я не хотела, чтобы он уходил, и вместе с тем хотела этого сильнее всего на свете — то и другое, одновременно.

— У меня дома есть альбом, — сказал он.

— Какой альбом?

Он улыбнулся.

— Ну, знаешь... Куда вклеивают вырезки из газет и все такое.

Я не отводила от него глаз и по его румянцу догадалась, что это не просто альбом. Он сложил руки под головой и смотрел в небо. Открыл рот, чтобы что-то сказать, потом закрыл. Посмотрел на меня.

— Там все твои соревнования, кроме, может быть, первого, но потом уже точно все, в которых ты участвовала. Все твои результаты, и сколько раз ты победила.

Ничего себе, подумала я. Оказывается, кто-то ищет мое имя в газетах. И этот кто-то — Маттиа.

Он лежал, повернувшись ко мне лицом. Смотрел на меня так, будто хочет запомнить все, что видит. Я ему нравлюсь, подумала я. Но он не сказал этого, не поцеловал меня, даже не улыбнулся. Я закрыла глаза. Пока они закрыты, можно отсюда не уходить.

Так мы и лежали. Пока он не встал.

— Пойду в душ. Скоро увидимся. Зайдешь к нам часов в восемь?

Он сказал это как-то слишком легко.

Но я кивнула. Часов в восемь. Приду.

22 195

Уже двадцать километров. На тренировках я часто пробегала такую дистанцию. Пока я не чувствую слишком большой усталости, хоть и бегу быстрее обычного. Время от времени — легкое покалывание в икрах. Не ускоряться и не замедляться.

Лучше пока обойдусь без воспоминаний. Приятно бежать просто так. Как будто меня больше нет.

Но я есть. Я провожу языком по губам. Соленые. Провожу рукой от горла до округлости груди и возвращаюсь наверх к тыльной части шеи. Ни одного сухого места, все залито потом. Подношу руку к губам и дотрагиваюсь до нее языком. Соль.

Потеть. Отдавать себя целиком. Выворачивать себя наизнанку. Открываются все поры и дышат вместе с тобой. Дают тебе новую энергию. Может быть, с научной точки зрения это полная чушь, но я все равно безумно люблю потеть. Когда занимаюсь спортом. Ну, или от поцелуев.

Ведь от поцелуев тоже можно вспотеть.

А если взять и убежать? Туда, где безопасно, домой, в мою комнату, где никто не будет меня доставать. Вдруг получится остаться в безопасности?

Я замешкалась на одну лишнюю секунду. Дверь открылась, и вот передо мной уже стоит мама Рози. Близко. За эти годы я иногда видела ее издали, мельком: на улице, в магазине, в окне. Она сильно похудела, и в ее черных волосах появилось много седых. Но смеется она все так же. Вдруг я поняла, что она плачет. Мне захотелось отвести взгляд, но как? Она-то продолжает смотреть на меня. Она наклонилась ко мне для поцелуя, как раньше. Когда я приходила поиграть к Рози, я всегда сначала целовала ее маму. А потом мы с ее мамой обнимались.

Она достала платок и высморкалась.

— Я так рада тебя видеть, Нор, — сказала она. — Так рада.

Она провела меня на кухню и усадила на стул. Начала греметь посудой и спросила, не хочу ли я выпить какао с кусочком пирога. Я видела, что у нее уже готов кофе, и сказала, что кофе тоже подойдет. Но ей совсем не сложно сделать какао, ответила она, а я ответила, что все-таки лучше кофе. Тут она рассмеялась, на этот раз без слез, и сказала, что я повзрослела. Правда, Маттиа? Маттиа кивнул и засмеялся так же радостно. Или это была не радость, а облегчение?

— Рози дома? — спросила я.

— Сейчас спустится, — ответила ее мама. — Я уже крикнула ей, что ты пришла, но она принимает ванну, а это надолго.

Я заметила, что у нее через лоб пролегает складка, которой раньше не было.

— У меня тоже так, — соврала я.

Ее мама кивнула и опять улыбнулась. Но складка на лбу осталась. Она поставила передо мной тарелку и спросила, какого я хочу пирога.

Я только что поела и точно знала, что в меня больше ничего не влезет. Но все равно показала на пирог с фруктами.

— Как ты, милая? — Она положила мне кусок побольше.

— Все хорошо, — ответила я.

— Я слышала, ты отлично бегаешь.

— Да, так говорят.

— Значит, так и есть. А как в школе, тоже все в порядке?

— Все отлично, — ответила я.

— И дома тоже?

— Да.

Мои родители одобрили эту идею — сходить в клуб с Маттиа и Рози. Дали мне с собой денег больше, чем обычно, и разрешили вернуться домой в двенадцать.

Рози спустилась из своей комнаты. Волосы у нее были обернуты полотенцем, на ней были брюки в обтяжку, а свитер как минимум на пять размеров больше, чем надо. По-прежнему самая красивая на свете.

— Привет, Нор, — радостно сказала она.

Я хотела улыбнуться, но не получалось.

— Привет, Рози, — сказала я в ответ.

— Тебе тоже положить пирога? — спросила ее мама.

— Ну да. И потом добавки, если можно. Я голодная как волк.

— Рози может есть сколько захочет и не поправляется ни на грамм, — обратилась ко мне ее мама. — А у меня каждый кусочек мучного потом неделю со мной не расстается. Тебе тоже можно не беспокоиться о фигуре. Конечно, ты столько занимаешься спортом.

— Про это все говорят, — сказала Рози с набитым ртом. — Кстати, хорошо выглядишь, Нор.

Она села на край стола.

— Мне надо вам кое-что рассказать. И, если уж Нор здесь, пусть тоже узнает, — сказала она, дожевав. — Люди, я выхожу замуж. Копите деньги на подарок.

Повисла пауза лет на десять.

— Рози, что ты такое говоришь? — прервала молчание мама.

— Я же сказала. Выхожу замуж. Я определилась и уверена, что это верный выбор. Это Арнаут.

— Арнаут! Ему же почти тридцать, — сказала ее мама.

— Ну и что? Это моя жизнь. Я же выхожу за него, а не ты.

— Никуда ты пока не выходишь, — сказала ее мама. — Совсем, что ли, с ума сошла?

— У Арнаута есть работа. Он вполне может обо мне позаботиться.

— Сначала ты сама должна научиться о себе заботиться.

— Можешь сколько угодно меня отговаривать, замуж я выйду все равно. Скоро у нас помолвка. А потом будет свадьба. Ясно? А сейчас мне надо досушить волосы. Пока.

Она спрыгнула со стола и быстро поднялась наверх.

Все молчали. Я смотрела на свой кусок пирога и думала, как было бы хорошо оказаться где-нибудь в другом месте.

— Не знаю, что делать, — вздохнула мама Рози.

— Может, она серьезно, — сказал Маттиа.

— Конечно, она серьезно. Но сколько пройдет времени на этот раз, прежде чем она передумает? И представь только, Маттиа, если вдруг она серьезно настроена насчет этого молодого человека. Боже, да у них больше тринадцати лет разницы, это же огромная разница в возрасте! О господи, боже мой. Ваш отец рассвирепеет.

— И будет только хуже.

— Он ей все-таки отец. Она должна его слушаться.

— Как будто она его когда-то слушалась.

— Ах, Маттиа.

Она опустила голову на руки, провела руками по лицу и так и осталась сидеть, покачивая головой. Потом посмотрела на меня.

— Извини, Нор, — сказала она. — У нас тут кавардак.

Я ничего не ответила. Просто никакие слова не пришли в голову. Пусть даже не те. Я сидела перед своим недоеденным куском пирога, на соседнем стуле сидел Маттиа, рядом стояла его мама, облокотившись на край стола. Я хотела встать, но как будто приклеилась к стулу.

— Может, ты с ней поговоришь? — попросила мама Рози.

«О чем?» — хотела я спросить. Нор, ваш специалист по отношениям. Превосходный специалист. Что я могу сказать Рози? Что не надо выходить замуж так быстро? А почему она должна мне верить? Откуда я знаю, что для Рози лучше? Да, раньше она была моим самым любимым человеком на свете, но теперь я ее совсем не знаю.

— Я к ней поднимусь.

Я поднялась по лестнице. Из комнаты Рози доносилась музыка — Боб Марли. И жужжание фена. Дверь была открыта, я могла зайти без стука. Но не знала, понравится ли ей, если я просто так войду в ее комнату, поэтому постучалась.

Она стояла с феном в руках перед огромным зеркалом. Я видела ее голую спину. Свитер валялся на полу. У нее была смуглая и стройная спина. Черный лифчик. Волосы длиннее, чем раньше. Может, она за все эти годы ни разу не ходила к парикмахеру. Как Спящая красавица, проспавшая сто лет. Я еще раз постучалась, на этот раз громче. Рози обернулась, держа в руке фен.

Она мне кивнула и жестом предложила сесть на кровать. Улыбнулась мне, как она одна умела. Потом выдернула шнур из розетки, и в комнате остался только Боб Марли. Выключила музыку. Секунду было тихо.

— Как тебе моя комната? — спросила Рози. — Стало совсем по-другому, да?

Кровати, на которой я сидела, раньше не было. Эта двуспальная кровать занимала почти всю комнату. Исчезли старые постеры. Письменный стол был отодвинут в угол, а на его месте стоял комод и над ним — зеркало.

Она отбросила волосы назад и плюхнулась на кровать рядом со мной.

— Тебе не холодно? — спросила я.

— Холодно? Нет.

И все же в комнате было холодно.

— Надень что-нибудь, — сказала я, — а то простудишься.

— Какая ты заботливая, — ответила она.

— Да ладно.

Как хочется спросить: что мне сделать? Как все исправить?

— Если у меня будет помолвка, ты придешь, да?

Что значит — если?

— Разве ты еще не уверена?

— Конечно нет. Я просто хочу их немножко позлить.

Я улыбнулась и чуть не толкнула ее. Нисколько ты не изменилась, хотела я сказать, но не сказала, и правильно сделала.

— Конечно да, — продолжала она. — Мы с Арнаутом навсегда вместе.

— Рози!

Она несколько раз подпрыгнула, сидя на кровати.

— Знала бы ты, как мне здесь все надоело. Просто ничем не могу нормально заниматься.

— А этому твоему Арнауту все нравится.

— Не «этому твоему Арнауту».

— Извини.

— У тебя наверняка никто так не стоит над душой, — сказала она.

Я не ответила.

— Раньше ты не была такая идеальная.

— Я и сейчас не идеальная.

— Здесь одна сплошная тоска, Нор.

Я так хотела сказать что-нибудь. Что-нибудь веселое.

— У тебя есть парень? — спросила она.

Я покачала головой.

— То есть ты на самом деле только и делаешь, что бегаешь, — сказала она. — Скукота.

— Мне не скучно.

Я посмотрела на нее. Она точно так же, как раньше, подпрыгивала на кровати, и размахивала руками, и встряхивала волосами, но я не могла до нее достучаться.

— Мы с Арнаутом хотим устроить шикарную свадьбу.

— Рози!

Она улыбнулась и повалила меня назад.

— Не очень-то ты изменилась, Нор. Все такая же серьезная.

Я так и осталась лежать на кровати и смотрела в потолок. Он был светло-желтый, без единого пятнышка. Как будто только что покрасили. Как будто она тут останется надолго. Может, все эти слова про свадьбу — все-таки шутка? Раньше никогда нельзя было понять, шутит она или нет, может, она и сейчас такая. Она упала навзничь на кровать и оказалась рядом со мной. Ее рука касалась моей. Я не стала убирать свою руку.

— Он такой красивый, Нор. А что у вас с Маттиа? — Она засмеялась и толкнула меня. — Можешь не отвечать. По-моему, он до сих пор в тебя влюблен. С детства.

— Ах, Рози, это чушь.

— Что же ты покраснела?

— Просто так.

— Просто так не краснеют. — Она глубоко вздохнула. — Я рада, что ты пришла. Все уже в прошлом. Я на тебя больше не сержусь.

Она повернулась ко мне вполоборота.

— Помнишь твое кольцо настроения, я его тебе вернула, а ты не хотела его брать? Я не крала его у сестры Линды. Но ты не хотела меня выслушать, ты такая упрямая. Потом я поняла почему. После всех этих украденных конфет что еще ты могла обо мне подумать? Я ведь была плохая девочка. — Она усмехнулась. — Воровать для меня — привычное дело, да? Вор — он и есть вор.

— Рози...

— Да нет, не говори ничего. Ты тоже ничего не можешь изменить. Помнишь, как нам раньше было весело? Иногда я мечтаю, чтобы все было как раньше. Думаешь, в этом доме хоть кто-нибудь понимает, как мне скучно? Знаешь, что они мне отвечают? Иди, займись чем-нибудь полезным. Сделай уроки. А нам почти ничего не задают. Ну ладно, я иду к себе в комнату. И каждый вечер чуть не схожу с ума от безделья. Все-таки когда-нибудь это случится. И правда сойду с ума.

Она могла не продолжать. Дальше я и сама знала наизусть.

— Знаешь, что очень грустно? — вдруг сказала она. — Что я забыла лицо Линды. Уже через неделю.

Только не о Линде. Не всё сразу.

Она положила ногу на ногу и стала гладить себя правой рукой по бедру. Вверх. И вниз. И опять вверх. И опять вниз. Пока я не накрыла ее руку своей и не сказала: «Успокойся, пожалуйста».

— Как я могу успокоиться? — сказала она. — Никогда не была спокойной и никогда не буду.

— Я тоже не очень спокойная, — тихо сказала я.

— Это она придумала. Ее игра. Ей обязательно надо было в нее сыграть. — Она глубоко вздохнула. — И все пошло кувырком. Все-все. Как это могло случиться?

Это я виновата это я виновата это я виновата. Может, этих слов она ждет от меня? Что она тут ни при чем.

Я смотрела на нее, надеясь увидеть ту взбалмошную Рози из прошлого, которая только что сидела рядом со мной. Толкни меня, подумала я. Скажи, что все будет хорошо. Но Рози почти со злостью уставилась в пространство перед собой.

Иногда я просыпаюсь по ночам, хотела я сказать. От призраков в моей голове — во сне они еще страшнее. Может, вместе мы справимся. Сможем прогнать призраков. Избавиться от вины.

Рози встала. Подошла к зеркалу и посмотрела на меня. Ну, скажи это, Рози. Что мы хорошие люди. И я скажу то же самое тебе. Но она молчала. Она вскинула руки, подняла свои волосы над головой. Показала своему отражению язык, а мне подмигнула. Честное слово, подмигнула.

Может быть, я первая должна начать? Я открыла рот, но сразу же закрыла — ни звука не произнеслось. Попробовала еще раз. Но нужные слова не приходили. Я встала.

— Спущусь пока вниз.

— Разве ты не хочешь узнать? — спросила она.

Что узнать?

— Младшая сестра Линды, самая противная, продала мне кольцо. Я пошла к ней перед самым их отъездом. Они не должны были забирать кольцо с собой. Оно твое. Я знала, что ее можно подкупить, я никогда ей не доверяла. Она сказала, что я должна отдать ей все мои деньги, и я согласилась. Хотела отдать кольцо тебе, но не было подходящего момента. До того дня. Но и то был не самый подходящий момент.

У меня пробежали мурашки по спине.

— Извини, — сказала я. — Извини, Рози.

— За что?

— Что я тебе тогда не поверила.

Она пожала плечами.

— Да я понимаю.

От этого стало только хуже.

Я спустилась по лестнице. В коридоре висела фотография. Рози и Маттиа, лет сто назад. Я остановилась посмотреть, и в горле встал комок. Страх уходил. Какая Рози говорила сейчас со мной: Рози с фотографии, которая так меня любила и все мне прощала, или Рози, которая вертится перед зеркалом и сводит мужчин с ума? Может быть, есть и другие Рози, которых я не знаю.

Сколько осталось в той Нор, которая сейчас, от той Нор, которая была раньше?

Я бы хотела, чтобы прежнюю меня можно было забыть. Просто начать заново. Не такое уж и глупое желание. Папа в свое время тоже хотел уехать в Америку. Может, его остановил не страх перед неизвестностью. Просто он понял, что нельзя где-то себя оставить и начать все по новой. Что в человеке остается все то, чем он когда-то был.

Маттиа сидел за столом один.

— И как? — спросил он.

— Что как?

— Она все еще выходит замуж?

— Думаю, да. — Неужели он и в самом деле думает, что я могу отговорить Рози от того, что она вбила себе в голову?

— Черт ее дери, — сказал он. — С ума сошла.

Я молчала.

— Разве нет?

— Конечно нет.

— Конечно нет, — повторила Рози у меня за спиной. — Глупый братец.

Маттиа явно не знал, смеяться ему или сердиться. Решил улыбнуться.

— Ты собралась наконец?

— Почти, — сказала она, — но я с вами не пойду, за мной заедет Арнаут, мы сначала сходим поужинать, а потом к вам присоединимся. Ой, Нор, мне так хочется поскорее посмотреть, понравится он тебе или нет.

— Но ты обещала... — начал Маттиа.

— Нам с Арнаутом надо кое-что отпраздновать, и мы придумали, как сделать это очень стильно. Ты в этом ничего не понимаешь.

— Ах, замолчи уже наконец, — сказал Маттиа. У него вдруг почернели глаза — так он разозлился. — Что ты обо мне знаешь? У тебя есть мнение обо всем на свете, но ты же понятия ни о чем не имеешь. И тебе вообще по барабану, что происходит с другими людьми.

— Это неправда, — вдруг сказала она очень тихо, совсем не так, как только что говорила резкости.

— Как скажешь, — сказал Маттиа. Точно так же тихо.

— Тогда пойдем уже? — спросила я.

Они оба с удивлением посмотрели на меня.

— Ты права, — сказал Маттиа. — Почему бы нам не пойти? Тебя до которого часа отпустили?

— До двенадцати.

— Так рано, — сказала Рози.

— Тебе тоже надо быть дома в двенадцать. Только ты так никогда не возвращаешься.

— Точно, — сказала Рози. — На то я и плохая девочка.

Тут мы все втроем громко рассмеялись.

— Я поеду очень осторожно, сзади ведь будешь ты.

— Я не стеклянная, — ответила я. — Я не боюсь.

— Так я и думал.

Я еще никогда не ездила сзади на мопеде. Среди моих знакомых ни у кого мопеда не было. Я держалась за сиденье и надеялась, что он не слишком быстро рванет с места.

— Обхвати меня за пояс. Так гораздо надежнее.

Уже через сто метров я поняла, что он прав. Так я вряд ли упаду.

Страшно было на поворотах, пока я не догадалась, как надо. Можно ничего не бояться, если следовать за его движениями, вместе с ним отклоняться влево, вправо, вместе с ним низко свешиваться, когда надо. От ветра волосы летели в глаза. Улетали с глаз. Летели позади меня. Я прижалась к его спине, почувствовала щекой грубую ткань его куртки и закрыла глаза. Руки как будто сами обхватили его еще крепче. Щит вокруг него. Вторая кожа.

Он остановился, чтобы пропустить машину справа.

— Тебе нравится? — спросил он.

Я ничего не сказала и кивнула.

Он засмеялся и опять тронулся с места. Единственное, что мне надо было делать, — снова обхватить его руками. Так я и сделала, почти машинально. Для безопасности. Чтобы не упасть.

Мы уже почти выходили из дома, когда приехал Арнаут. Он всем пожал руку, а Рози поцеловал в лоб. Она усадила его рядом с собой на диван, обняла и принялась целовать. Ее мама встала и скрылась где-то в доме. Маттиа взял меня за локоть и сказал, что нам пора.

— Месяц, — прошептал он мне на ухо. — Я даю им месяц, не больше. Потом все закончится.

Я в ужасе посмотрела на него и спросила, почему он так решил.

— Зачем такому приличному парню наша Рози? — сказал он. И больше ничего.

В клубе много людей, много музыки. После того как я раз десять сказала Маттиа, что не умею танцевать и пробовать тоже не хочу, он сказал, что понял. Не хочу ли я чего-нибудь выпить?

И вот мы с ним сидим рядом за столиком. Время от времени кто-то из знакомых Маттиа подходит к нему поболтать и с любопытством смотрит в мою сторону, и Маттиа каждый раз произносит мое имя, я это вижу по его губам. Разговоры короткие: слишком громкая музыка.

Мне здесь нравится.

Маттиа наклоняется ко мне:

— Хочешь сыграть в бильярд?

В бильярд?! Единственное, что я знаю о бильярде, — это то, что там палкой бьют по шару.

— Этого достаточно, — смеется Маттиа. — Остальное я тебе по ходу объясню. Пойдем.

Мы встали. Он взял меня за руку, и я пошла за ним на другую сторону танцпола. Он на два года старше меня, но его рука кажется на целых десять лет старше, моя ладонь в ней просто тонет. Такая большая рука, широкая. Так от этого неловко.

Я почувствовала, что начинаю потеть. Подмышки. Сейчас и ладонь вспотеет. Он сразу поймет, как я себя чувствую. От этой мысли я совсем разнервничалась.

Мы добрались до конца танцпола. Я выдернула руку. Сделала вид, что с огромным интересом рассматриваю бильярдный стол. Красивая ткань. Красивый зеленый цвет. Он достал монету, и тут вдруг заиграла очень спокойная музыка. Маттиа удивленно посмотрел на меня.

— Хорошая музыка, — сказал он.

Я кивнула. Это была очень известная песня, ее крутили по радио по десять раз в день.

— Потанцуем? — спросил он.

Как я могла отказаться? Такая красивая музыка. И такая медленная, под нее кто угодно сможет танцевать. Но как спокойно ответить «давай», когда в животе все ходит ходуном и страшно, что вот-вот разразится буря, и распространится по всему телу, и лицо вспыхнет пожаром, и ладони вспотеют и выскользнут из его рук?

— Пойдем, — сказал он мне, — просто следуй за мной. Больше ничего не надо.

И я следовала за ним. Он положил мне руки на талию, а я взяла его за плечи. Я посмотрела по сторонам, как танцуют другие. Я видела, что девушки кладут голову парням на плечо, а парни их обнимают. И вдвоем они как ракушка. Или кокон.

Когда мы танцевали, просвет между нами сохранялся. Не одни мы были такие. Некоторые пары разговаривали во время танца, и им надо было смотреть друг на друга. И были такие, кто угрюмо смотрел мимо партнера и явно не испытывал никакого удовольствия.

А я испытывала удовольствие?

Я не знала, куда смотреть, когда он меня о чем-то спрашивал. Меня удивлял его рост. На таком расстоянии он казался гораздо выше. Мне очень нравился окружающий его запах, и я задумалась, могут ли запахи людей, находящихся так близко, смешаться в один. И становитесь ли вы оба этим запахом.

Когда музыка закончилась, я вздохнула.

— Ну что, было ужасно? — спросил он, поддразнивая.

Я ему улыбнулась.

— Просто кошмар, — ответила я. — Больше никогда.

Опять начался медленный танец.

— Может, еще разок? — спросил Маттиа.

Я не поняла, откуда во мне взялась смелость. Я сказала, что это замечательная идея.

Мы танцевали три раза. Мои руки у него на плечах, его руки у меня на талии. Моя голова почти лежала на его плече. Мои ноги почти прижимались к его ногам.

После партии в бильярд мы поехали домой.

Рози и Арнаута в тот вечер мы так и не увидели.

Он остановился перед моим домом. Я отпустила руки и спрыгнула с мопеда. Он не сводил с меня глаз, пока я искала ключ в кармане куртки.

Если бы это было кино, мы бы с ним уже целовались.

Я подняла взгляд. Надо вести себя естественно.

Как он на меня смотрел. С таким любопытством. С такой радостью. Как будто я самая любимая. Потом он слез с мопеда и положил руки мне на плечи. Я сразу окаменела, но он не убрал рук.

— Не бойся, — сказал он.

— Я не боюсь, — на автомате ответила я. Вот это ложь! Я уже шесть лет страшно боюсь. Так боюсь, что не решаюсь даже задуматься, насколько боюсь.

И я не самая любимая.

Его губы были так близко, что я чувствовала его дыхание. У него красивые губы. Гладкие и красные.

— Нет, — сказала я. — Не надо, Маттиа.

От страха у меня перехватило дыхание. Мне надо уходить, или я упаду.

Его руки скользнули вниз.

— Я пошла, Маттиа. — Я быстро наклонилась к нему, чмокнула в щеку и отвернулась.

Он взял меня за руку, не отпуская сразу.

— Увидимся еще?

— Конечно, — ответила я.

И вот я уже у двери. Вставила ключ в замок и вошла. Всего на две минуты позже двенадцати.

Родители сидели в гостиной на диване и спросили, как я сходила в клуб.

— Хорошо, — ответила я. — Спокойной ночи.

Я села на кровать, не снимая куртку. Швырнула сумку в угол комнаты. Влюбилась, сказала я самой себе. И достаточно серьезно.

Меня била дрожь. Я быстро разделась, но дрожь не прекратилась, даже когда я натянула одеяло до самых ушей.

18 195

Опять поток мыслей. Их не сдержать. Я хочу, чтобы на улицах не было людей, не было всех этих радостных выкриков. Я хочу тишины. Тишина вокруг меня включает тишину во мне, так было всегда. Но я не могу свернуть и бежать в другую сторону — только по маршруту. Во всяком случае, если хочу прийти к финишу.

Я не так сильно устала. Мой организм способен бежать еще много часов. Но к моему организму прилагается голова, а вот голова эта сейчас переполнена. Я бы хотела, чтобы она принадлежала только мне, чтобы я сама решала, кого и что туда пускать. Но уже понятно, что так не получится. Люди входят и выходят, иногда даже вытесняют друг друга. Иногда вытесняют меня саму. Как сейчас. И тогда я перестаю понимать, как мне быть.

Будут ли они ждать меня у финиша, все те люди, которых я больше всех люблю? Раньше я не задавала себе этот вопрос. Они просто были там и ждали меня.

Я уверена, они там. Уверена настолько, насколько могу быть сейчас уверена. Но уже не так, как раньше.

Ах. Раньше все казалось другим.

Казалось.

Тот год, когда мне исполнилось десять лет. Домик на дереве стал центром мира. В домике мы были высоко над землей, свет падал по-другому, лес со всеми его запахами и звуками был и внутри, и снаружи. Все вокруг нас было настолько другим, что мы не могли к этому привыкнуть.

Линда всегда точно знала, когда мы с Рози были в домике, и приходила. Часто мы даже не слышали, как она поднимается. Замечали ее, только когда она уже стояла в домике и спрашивала, можно ли с нами поиграть. Да, конечно, отвечали мы. Когда Линда не занудствовала, с ней вполне можно было играть.

После моего дня рождения к нам часто заглядывал Маттиа. Он в два счета взбирался по стволу и всегда что-нибудь приносил. Говорил, что нашел это в лесу. Я ему не верила, ну и ладно, он никогда не оставался надолго и не надоедал нам.

Наступило лето. В первые дни лета стояла удушающая жара. В домике было прохладно, прохладнее, чем у меня в комнате, где мы почти перестали играть.

В один из таких дней Маттиа забрался к нам наверх и спросил, не хотим ли мы поиграть в футбол. Мы не хотели. Тогда он подсел ко мне, обнял рукой за плечи и прошептал на ухо, что если я соглашусь, то все остальные тоже согласятся.

Мы разбились на две команды: мы с Рози против Маттиа и Линды. Ворота мы сделали очень маленькие, чтобы не надо было на них все время стоять.

Было очень жарко. Уже через полчаса футбол надоел нам с Рози до чертиков.

— Давай вдвоем поиграем, — сказала Линда Маттиа.

— Ее можно поставить на ворота, — предложила я. — Она сильная, она выстоит против тебя.

— А ты точно больше не хочешь? — уточнил Маттиа.

— Слишком жарко. Я лучше посмотрю, как вы играете.

Мы с Рози повалились на землю на краю поля, где росла такая высокая трава, что в ней можно было спрятаться. Даже с закрытыми глазами я знала, что Рози рядом. Я перевернулась на спину, так же, как она.

— Пусть себе играют, — сказала я. — Пусть попотеют.

У Рози были такие же длинные ноги, как у меня, только раз в десять более загорелые. Мы лежали плечом к плечу.

— Ты сгоришь на солнце, — предупредила она, — осторожно.

— Сама осторожно.

— Я никогда не сгораю.

— А сейчас возьмешь и сгоришь. Откуда тебе знать, что может произойти?

— Я и не знаю. А ты знаешь?

Я покачала головой и перевернулась на живот. Я вытянула шею и уперлась локтями в землю, чтобы смотреть поверх травы.

— Передохнем, — крикнул Маттиа.

Он достал еще одну бутылку воды, и они вдвоем выпили ее за несколько секунд. Маттиа громко отрыгнул, что их обоих сильно развеселило. А потом они пошли на другой конец поля. Там росло несколько деревьев, и они сели отдохнуть в тени.

Рози потянула меня на землю и обвила свою руку вокруг моей.

— Как ты думаешь, — спросила она, — за сколько времени можно ослепнуть от солнца?

Она высвободила свою руку, закрыла ладонями глаза и стала смотреть на солнце сквозь пальцы. Я попробовала сделать так же. Так можно было видеть столько солнца, сколько хотелось. Я совсем чуть-чуть расставила пальцы, и этого уже было достаточно.

— За одну секунду, — сказала я.

— Я думаю, за пять.

— Не важно, — сказала я, — все равно очень быстро.

— Я тоже так думаю, — сказала Рози. — По-моему, всегда получается.

— Что получается?

— Ослепнуть от солнца, — вздохнула Рози.

Она развернулась ко мне, так что мы лежали лицом к лицу. Ее нос касался моего носа. Она обняла меня и поцеловала. Я как можно крепче сжала губы и с силой оттолкнула ее. Хотела ей сказать, чтобы она оставила меня в покое, но не решилась. Вдруг бы она ушла. А если она сейчас уйдет, то, может, никогда не вернется. Так что я промолчала и просто села.

Линда опять стоит на воротах. Не хватало еще, чтобы от жары и напряжения ей стало плохо с сердцем. Прыгает все время из стороны в сторону, как будто хочет удержать под контролем каждый миллиметр между деревянными столбами.

Они о нас забыли.

Рози села рядом и опять поцеловала меня — нежнее, чем раньше. И потом отодвинулась.

Мне стало так жарко, что я поняла, что сейчас растаю. Хотя, конечно, не растаяла. Можно было и не смотреть на кольцо, я и так знала, что оно ярко-синее.

За все это время никто не произнес ни слова. Как будто это происходило в другом мире. Как будто мы — другие люди.

После этого наши игры изменились, домик на дереве стал нашим дворцом. Обычно Рози была королем, а я королевой, иногда наоборот. Линда всегда была рыцарем. Игра начиналась с известий от Линды: она забиралась наверх, стучала в дверь, дожидалась, пока Рози скажет «входи», а потом, запыхавшись, рассказывала историю о чудище, которое собралось на нас напасть.

И король поручал ей убить чудище.

И Линда съезжала вниз по веревке и начинала с этим чудищем сражаться.

Сражение должно было длиться не меньше пятнадцати минут. Шуметь надо было обязательно, потому что мы хотели точно знать, где она находится, пока король с королевой целовались.

Так шли дни за днями. До одного случая. Линда бродила по лесу, а мы с Рози, как обычно, остались в домике.

— Эй, — раздался вдруг чей-то голос. — Что это вы там делаете?

Сколько времени она уже там стоит? Почему мы не услышали, как она заходит?

Она стояла у двери. Я отвела взгляд, отодвинулась от Рози и разгладила на себе рубашку. Когда я взглянула на Линду еще раз, она уже уперла руки в боки.

Не смеялась. Не плакала. Смотрела без злости. Без удивления. Просто смотрела.

— Вы играете в какую-то другую игру, — сказала Линда.

— Нет, — сказала Рози.

— Я сейчас спущусь и расскажу Маттиа, чем вы тут занимаетесь. И Тео.

— Ты так не сделаешь!

— Да? Попробуй, останови меня!

— Они тебе не поверят!

Битва между Рози и Линдой. В полную силу.

— Поверят. Я ведь глупая, сама бы такого не придумала!

— Чего бы ты не придумала?

— Мерзости, — выкрикнула Линда. — Грязные мерзости!

Я почувствовала, как стук сердца подступает к самому горлу. Пусть помалкивает и ничего не рассказывает Маттиа. Я знаю, что произойдет, если она ему расскажет.

Она подошла и встала перед нами. Расставив ноги и сложив руки на груди. Глаза смотрят на нас, но взгляд проходит насквозь, куда-то на другой конец вселенной. И она молчит.

Видно было, что она задумалась. Как ей нас наказать. Я решила, что соглашусь на все, что она попросит. Вдруг она сделала глубокий вдох и широко улыбнулась.

— Я буду молчать, — сказала она наконец. — При одном условии.

Рози встала и рывком подняла меня с пола. Мы стояли, прислонившись к стене, а Линда стояла напротив нас. Я старалась смотреть как можно смелее. Типа: «Говори-говори, мне все равно, что ты скажешь».

— Мы будем играть в мою игру, — сказала она. — И не только сегодня, а каждый день.

— Каждый день? — Рози почти перешла на крик.

— Или я все расскажу.

Я ущипнула Рози за руку: еще посмотрим. Может, это очень интересная игра.

— Как называется игра? — спросила я.

— Обморок, — сказала она.

— Не будешь участвовать? Об этом не может быть и речи, — сказал Тони. — Ты в великолепной форме, и результаты у тебя прекрасные. Я не понимаю, почему ты отказываешься.

Я однозначно должна участвовать в чемпионате Бельгии. И победить. У меня это получится легко. Такое впечатление, что все вокруг могут предсказывать мое будущее. И знают, что для меня лучше. Тони. Руководство клуба. Виктор. Зои. Даже родители считают, что уже давно пора.

— Постарайся отнестись к этому как к простому соревнованию, — в который раз повторял Тони. — Ты уже пробегала эту дистанцию и знаешь, как к ней подходить. Чего же ты так боишься?

Мы сидели рядом на скамейке. Я пожала плечами и встала, чтобы пробежать пару кругов против Виктора.

— Я бы хотел получить от тебя ответ, — крикнул он мне вслед.

Но я промолчала. И вот он уже опять стоит рядом со мной. Не хочет оставить меня в покое.

— Серьезно, я не понимаю, Нор. Я мог бы сделать из тебя чемпиона, но ты забиваешься в угол каждый раз, когда на горизонте появляются огни софитов.

— Мне не нужна вся эта суета.

— Суета? Я-то думал, что каждый бегун хочет выжать из себя максимум. Каждый, кто пытается, заслуживает по крайней мере аплодисментов. Пора тебе уже к этому привыкнуть, Норочка. Что для тебя серебряные и золотые кубки — дело естественное.

Я Нор. Не Норочка.

— Ты можешь, конечно, продолжать соревнования на региональном уровне. Я не буду тебе мешать. В конце концов, тебе решать, как далеко ты хочешь пойти. На что ты пустишь свой большой талант.

Подошел Виктор.

Виктор.

На первой тренировке после того, как ко мне в гости приходила Зои, мне было тяжело. Что он знает про Линду. Но, как я ни пыталась увидеть это в его глазах, в его жестах, я ничего не заметила.

Ни ножа в спину. Ни петли у меня на шее. Ни руки, затягивающей эту петлю.

— Ты готова? — спросил Виктор.

Нет. Совсем не готова.

Бывало, что Тони после тренировки выставлял двух бегунов друг против друга. Он называл это «наточить ножи» или «обострить чувства».

— Бегите пять кругов. Я хочу, чтобы сегодня вы оба бежали во всю силу, как никогда еще не бегали. Я хочу видеть, как от вас пойдет пар. Я хочу видеть вашу кровь в действии. Весна на подходе, ничто не должно вас отвлекать от того, чтобы выложиться полностью.

Он смотрел на нас обоих, но говорил это мне.

— Сегодня я тебя обгоню, — прошептал Виктор мне на ухо. — Сегодня ты в пролете.

Я взглянула на него с испугом.

— Шутка, — добавил он потом. Глаза у него блестели.

Он был готов простить мне что угодно. Что я у него выигрываю. Что Тони будет мне аплодировать. Что скоро мне может достаться главный кубок страны.

— Ну держись, если дашь мне победить, — сердито сказала я.

— Ни за что, Нор. Ты меня знаешь.

Но я и себя уже не знала.

Четыре круга мы бежали рядом. На пятом круге он от меня оторвался. Такое было в первый раз с тех пор, как мы вместе тренировались. Я не очень удивилась. Он оглянулся.

— Догони его, — с края дорожки крикнул Тони.

Но я не догнала.

— Ну что, — сказал Тони, кидая мне полотенце. — Ты молодец. Почти на минуту лучше, чем твой самый плохой результат. Это настоящее достижение. Для такого нужна смелость.

— Сегодня я не могла бежать быстрее.

— Не смеши меня, Нор. — Он отвернулся и ушел.

Я пошла за всеми в раздевалку. Зои подошла ко мне.

— Что это было? — спросила она. — Зачем ты нарочно дала ему победить?

— Я не нарочно!

— И я должна этому поверить?

Я думала, она обрадуется. Точнее, почувствует облегчение. Что я не такая уж особенная. Что у меня нет природного дара, как все утверждают.

— Я хочу со всеми вами поговорить, — сказал Тони. В раздевалке воцарилась тишина. — Речь о национальном чемпионате. Я хочу знать, кто готов готовиться по-настоящему. С этими ребятами я буду заниматься еще интенсивнее, у остальных будут тренировки как обычно.

Несколько рук поднялось в воздух.

— Как вы знаете, я хочу заниматься не только с победителями. Шанс выложиться по полной есть у любого из вас.

Поднялось еще несколько рук. И тогда он посмотрел на меня.

— А ты что?

Я пожала плечами. Чем больше он злится, тем тише говорит. И сейчас его голос звучал очень тихо.

— Кстати, Нор, что с тобой сегодня произошло? Я так думаю, зря мы устроили этот забег. Ты не заболела?

Он прекрасно знал, что я не больна.

— По-моему, ты до сих пор боишься побеждать.

Тони, не надо. Не при всех.

— Ведь представь, что ты победила, Нор. Не в простом соревновании, в каких ты уже участвовала, а в самом-самом сложном соревновании года. В котором между собой соревнуются самые лучшие спортсмены страны. А ты в нем побеждаешь. Вот ведь катастрофа. А вероятность, что ты выиграешь, очень высока, потому что ты особенная. Из тебя талант так и прет. Только вот ты сама никак не можешь в это поверить.

Я не особенная. Я такая же, как они. Иногда у меня на соревновании очень хорошие результаты, иногда хуже, иногда плохие.

Почему все молчат? Как будто они все согласны с Тони. Как будто они на меня злятся. Все без исключения. Как будто они не могут смириться с тем, что я проиграла Виктору. Но Виктор же всем нравится, я думала, они за него порадуются.

Я совсем запуталась.

Я больше не могла сдержать эти образы. Картинки всё те же, старые. Но от них так же больно.

Магазин в деревне. Булочная. Газетный киоск. Мясная лавка.

Вокруг меня — лица. Они надо мной, выше меня, кивают в мою сторону, но не затем, чтобы поздороваться, а чтобы было понятно, что они говорят именно обо мне.

— И как эта девочка не боится ходить одна.

— Она, конечно, не виновата, но разве все об этом знают?

Они-то сами, конечно, знают. Но «не знают» другие люди. Которые сейчас говорят о нас в других магазинах.

— Может, все из-за того, что она общается с теми итальянцами.

— Надо же, какая она стала. А ее отец до потери пульса вкалывает в банке.

— Нынешним детям вечно чего-то не хватает. Вот они и идут в лес, беды искать. Нет бы дома в игрушки играть.

— Видать, они с ней тогда поссорились. С Линдой, ну, с той толстухой.

Я слышала эти голоса в своей голове по дороге в школу, по дороге домой, пока стояла в очереди в магазине, когда лежала у себя в кровати, перед тем как заснуть и посреди ночи тоже, я слышала их, когда мама звала нас к ужину, когда Рози говорила, что в школе нам придется постоять за себя, потому что мы не виноваты. Когда я рассказывала об этом Рози, она отвечала, что у меня слишком хорошая память. Она эти голоса не запоминает. И считает, что и мне не стоит. Но я не могла их забыть, они запоминались сами собой.

Я так и не подняла голову. В раздевалке было все так же тихо.

— Ну что? — спросил Тони. — Ты участвуешь?

Я покачала головой, так и не подняв ее. Я чувствовала, как слезы жгут глаза, и понимала, что не смогу их сдержать.

Как-то слишком долго было тихо. Потом все вышли из раздевалки, Тони впереди всех. Зои осталась.

— Как ты, Нор? — спросила она у меня.

— Не трогай меня, — сказала я. — Не трогай меня сейчас.

— Ты уверена?

Нет, Зои.

— Абсолютно. — Твердо, чуть ли не возмущенно.

— Ну ладно. Придется тебе поверить.

Она еще чуть-чуть подождала и тоже ушла.

Я села в машину рядом с Тони и старалась на него не смотреть. Я чувствовала его гнев и ужасно боялась, что сейчас будет.

— Надо поговорить, — сказал он. — И я не поеду, пока не скажу тебе все.

Я прикусила губу и кивнула.

— И не надо так пугаться. Тебе ведь не четыре года, шестнадцать уже, черт подери. Если ты считаешь, что я неправ, так и скажи, хорошо? А то я с ума сойду от твоего молчания.

Я почувствовала, что его взгляд остановился на мне. Я кивнула, а потом подумала, что лучше бы мне что-нибудь сказать. Только вот я не знала что.

Он глубоко вздохнул.

— Послушай меня, Нор. У тебя невероятный талант, и не только я так считаю, все в клубе это знают. Клуб в тебя вкладывает, у тебя тут прекрасная возможность развиваться. Ты тренируешься как сумасшедшая, так что не пытайся меня убедить, что тебе не нравится. Ты обожаешь бегать, признайся уже в этом. И поэтому я не понимаю. Почему ты не хочешь выходить на национальный уровень. Выложишься насколько сможешь, так что, если не победишь, тебе не в чем будет себя упрекнуть. Это не проверка на прочность, Нор. Это просто соревнование. Полторы тысячи метров, и все. Чего ты боишься, ответственности? Боишься, что не сможешь победить? Что мы все на тебя разозлимся?

Я покачала головой.

— Так я и думал. Значит, все именно так, как я и говорил. Ты боишься победить. Боишься, что все будут тобой восхищаться. Ты привлечешь к себе внимание, о тебе будут писать в газетах и все будут говорить, какая ты молодец. Но сама ты считаешь, что ты не молодец. И боишься, что потом все об этом догадаются. И тогда такое начнется! Смотри, Нор. На национальные соревнования я тебя записываю. Если не я, то кто-нибудь из правления клуба тебя запишет. Они говорят, это твое обязательство перед клубом. Я не всегда поддерживаю их решения, но на этот раз они правы. Как ты поступишь — это уже твое дело. Ты знаешь, я никогда от тебя не отступлюсь, но бывают ситуации, когда ты сама должна принять решение.

— Тони, я...

— Боишься, я знаю. Мы все иногда боимся, Нор. Все в свое время усираемся от страха. Жизнь, к сожалению, не всегда сахар. Скорее даже, никогда.

Значит, никуда не спрятаться.

— Не будь слишком строга к себе, Нор. Я считаю, ты просто великолепна. Но сколько бы раз я это ни повторял, это ничего не изменит. Главное, не пытайся быть сверхчеловеком. Таких людей нет, даже я не такой. Шутка. Но все равно правда. И высморкайся, пожалуйста. А то твои родители решат, что я тебе чего-то ужасного наговорил.

Он обнял меня одной рукой и притянул к себе. Я вытерла слезы рукавом.

— Так-то лучше. Ну что, мы участвуем?

Я пожала плечами и ответила:

— Да. — Потому что это был единственно возможный ответ.

11 195

Я уже довольно долго бегу одна.

— Хорошо выглядишь, — выкрикивает кто-то из толпы. — Осталось уже немного.

Я не выгляжу хорошо. Потею как лошадь, ноги в кроссовках горят, и, что бы они там ни говорили, чтобы меня поддержать, все мы прекрасно знаем, что до финиша еще очень далеко.

Но я улыбаюсь. Мне приятно слышать эти слова.

— Осталось одиннадцать километров, — кричит еще кто-то. — Держись, уже почти!

Кто-то кидает мне губку. Я вытираю пот с лица, с шеи. Сразу же выступает новый пот, но все равно ненадолго становится лучше.

Какой-то человек подбегает ко мне, бежит рядом и забирает губку. Я кидаю взгляд в сторону. Это Маттиа.

— Ты отлично справляешься, — говорит он. Он не дотрагивается до меня, не хлопает по плечу. Этого нельзя. По регламенту. Он еще бежит рядом со мной. Колени перестают так сильно болеть. Я опять кидаю взгляд в его сторону, смотрю на его большой нос, его тонкие губы, его черные кудри.

— Всего одиннадцать километров. Даже еще меньше.

Он тяжело дышит и останавливается. Я машу не оборачиваясь. Меньше одиннадцати километров. Они-то и будут самыми сложными. Но чтобы добраться до финиша, их надо пробежать. Я не могу сократить марафон — даже в виде исключения. Не могу сказать: этапы X и Y мы пропустим, там слишком сложно. Слишком больно. Слишком смертельно. Нельзя взять ножницы и просто вырезать из жизни то, что не нравится. Если бы было можно. Тогда бы я точно не бежала сейчас марафон. Мы бы сидели сейчас за столиком на улице. Или в кинозале. Болтались бы без дела у меня дома. Или у них. Придумывали бы всякие штуки. Рози, я и с нами Линда. Если бы можно было перекраивать жизнь.

Смотрю на кольцо настроения. Черное, черное как смоль. Совсем ничего не понимаю.

В те недели я тренировалась еще больше, насколько это было возможно. Тони говорил, что я невероятно выросла. И что я вырасту еще. Но само по себе это не произойдет. Ничто не происходит само по себе.

Обычно, возвращаясь из школы домой, я встречала Маттиа. Ему уже исполнилось восемнадцать, и он сразу же купил себе мотоцикл. Удивительно, как тихо ехал его мотоцикл рядом с моим велосипедом. Говорили мы не много. Обменивались обычными вопросами, как раньше. Как дела. У него. У меня. И иногда — как поживает Рози.

Ходила ли я в клуб? А что там делать, я же там никого не знаю. Но его-то знаю? Мы ведь можем пойти вместе?

Я сказала, что не хочется.

Когда у него был день рождения, я хотела подарить ему подарок. Но что бы я ни придумала, все было такое классное, у меня бы не хватило смелости это подарить. Можно было подарить ему какую-нибудь ерунду. Что-нибудь бесполезное. Но я подумала, что это еще хуже, чем ничего. Так что я ничего и не подарила. Сделала вид, что забыла про его день рождения. Это оказалось сложнее, чем я думала.

Однажды он рассказал мне, что Рози рассталась с Арнаутом. Дома все рады, но Рози проплакала весь день. И больше не хочет ходить в школу. Говорит, до нее никому нет дела. Ни дома, ни в школе, нигде.

Он вопросительно посмотрел на меня. Я промолчала. Я ей не нужна. Я давно это поняла.

Потом я его какое-то время не видела.

В сентябре он снял себе комнату. Уехал учиться в Левен. Теперь я только слышала, как вечером в пятницу он приезжает на нашу улицу и в воскресенье вечером уезжает.

Конец сентября. Национальные соревнования будут проходить в Брюсселе.

За неделю до чемпионата к нам в гости зашел Маттиа. Он прочитал интервью с Тони; в конце статьи были напечатаны имена участников от нашего клуба.

— Как здорово, что ты участвуешь, — сказал он.

Я пожала плечами.

— Посмотрим.

Молчание. Мы так и стояли у двери.

— Эй, Нор. — Он вдруг улыбнулся. — Мне надо тебе кое-что сказать.

— Говори.

— Я хочу поехать на чемпионат.

Ура.

— В газете было написано, что для болельщиков будет организован автобус.

Я кивнула.

— Ты меня запишешь?

— Запишу.

Он улыбнулся.

— Во сколько выезжаем?

— В восемь надо быть у трека. Если хочешь, можно ехать в автобусе для участников.

— Окей. — Он сделал шаг назад. И почти ушел. — Ты победишь? — успел он спросить перед уходом.

— Кто знает? Посмотрим.

Помахал мне. И ушел совсем.

Утром перед чемпионатом мы с папой сидели за столом. Было очень рано, еще не было половины седьмого. На кухне горел свет, а на улице было еще темно.

— Как ты спала? — спросил он.

— Нормально, — ответила я.

— Ты сегодня победишь?

— Должна. Все этого от меня ждут.

— Кто это все? — с удивлением спросил папа.

— Ну, папа. Все. Ты, кстати, тоже.

Он рассмеялся.

— Забудь, что думают все остальные. Что ты сама думаешь?

Что думаю я? Если забыть про всех?

— Думаю, у меня есть шанс.

Как будто гора с плеч. Я вдруг почувствовала такую легкость внутри.

— Я тоже так думаю, — сказал он с набитым ртом. — Вот станешь чемпионом Бельгии. Было бы здорово.

Я покачала головой.

— Слишком здорово. Не стоит обольщаться, папа.

— Ты же не можешь мне запретить?

— И говорить с набитым ртом невежливо.

У него появился блеск в глазах. Он вытер губы, допил свою чашку и встал.

— Ну вот, — сказал он, — хорошо позавтракали. Теперь справимся с любыми трудностями.

— С любыми трудностями, — повторила я.

На кухню спустилась мама. Тео заболел, и она с нами не едет.

— Удачи, — сказала она сонно. И крепко меня обняла. От нее пахло, как пахнет после долгой ночи. Запах не то чтобы свежести, но такой привычный, родной запах мамы с утра перед душем, что на миг он пронзил меня радостью. А потом это прошло. Я тихонько отстранилась.

— Эй, — сказала я. — Я же не на войну ухожу.

— Слава богу, — сказала она. — Надеюсь, скоро вернешься живая и здоровая.

Ровно в половину восьмого мы вышли на улицу. Маттиа ждал у двери своего дома.

— А Рози не поедет? — спросил папа.

— Рози? — удивился Маттиа. — Она по выходным раньше двенадцати из постели не вылезает.

Значит, он ей предлагал. И она отказалась. Я догадалась по злости в его голосе.

Я положила руку ему на плечо.

— Ничего, ерунда, — сказала я.

— Это не ерунда.

— Давайте скорее в машину, — позвал папа.

К месту соревнований ехали два полных автобуса. Я сидела рядом с Зои, папа — рядом с Маттиа. Зои не собиралась участвовать, но обязательно хотела поехать.

— Тебя можно поздравить? — прошептала она мне на ухо, когда увидела Маттиа.

— Не с чем меня поздравлять, — сердито ответила я.

— Жалко.

— Ничего не жалко. И хватит об этом.

Зои прикусила губу и замолчала. Я сволочь, подумала я. Зои заслуживает гораздо лучшей подруги. Вот с Рози мы друг друга стоили. С Рози я могла ругаться и выходить из себя, так же как и она со мной.

Может, так и нужно оценивать дружбу — по тому, можно ли с этим человеком нормально ругаться?

Рози. Нет-нет да и появится в моих мыслях. Как язва, которая открывается снова и снова. Нет, наверное, я все-таки совсем чокнулась — сравнивать красавицу Рози с язвой.

— Что ты улыбаешься? — спросила Зои. — Думаешь о чем-то своем?

Я кивнула:

— Да, о своем. — Самый безопасный ответ.

Эти соревнования очень отличаются от всех, в которых я участвовала раньше. Во-первых, гораздо больше народу. Во-вторых, все люди из клуба, особенно Тони, ведут себя так, как будто на кону — интересы всей нации. Хорошо ли мы себя чувствуем? Мышцы не болят? Есть не хотим? Поесть можно, но немного. В-третьих, находиться здесь — большая честь, потому что того и гляди натолкнешься на лучших из лучших.

— Эй, Нор, давай! — Маттиа стоит рядом с папой. Руки сложены рупором. Отходит в сторону, чтобы пропустить высокого человека с пистолетом. Я чувствую, как мои мышцы сразу же напряглись, готовые взорваться. Человек поднимает пистолет высоко над головой. Выстрел — и я срываюсь с места.

Тысяча пятьсот метров закончатся очень быстро, тут каждая секунда важна. Я знаю, что надо дозировать силы, что сначала надо бежать медленнее, чем потом. Мне вдалбливали это тысячу раз, но я все равно поступала по-своему. Я стартовала всегда как можно быстрее и выдерживала темп до конца, особенно если бежать было не больше тысячи пятисот метров. И сейчас так же.

Уже скоро я оказываюсь впереди, в группе из трех человек.

— Дыши медленно, — кричит Тони с края трека.

Некогда думать о дыхании. Ноги летят над треком. Я еще никогда не бежала так быстро, думаю я, а потом уже не думаю ничего.

Пошел второй круг. Я бегу впереди всех, и со мной еще одна девушка. Вот как прибежим одновременно, вот будет шуму. Два чемпиона вместо одного. Что в таком случае полагается, бежать заново?

Девушка рядом со мной увеличивает скорость. Откуда у нее взялись силы? Я слишком много думаю. Беги, Нор. Беги. Отдай себя всю. До конца. Догони ее. Соберись и выиграй этот забег.

А если я не выиграю? Будет очень плохо? Может, стоит отталкиваться от того, что я не выиграю, тогда разочарование будет не таким сильным. Смотри-ка, расстояние между нами увеличивается. Я слышу возгласы с обочины, крики, мое имя всё снова и снова — конечно, мой клуб хочет, чтобы я выиграла. И папе это бы тоже понравилось. И Маттиа. Он ведь приехал не для того, чтобы посмотреть, как я проигрываю. Они на самом деле считают, что я молодец. Что сегодня я стану чемпионом. А что, если стану? Они будут превозносить меня до небес: Нор, победитель сегодняшнего дня? Я не победитель, пусть так не кричат.

Но зачем же я тогда бегу изо всех сил?

А если попробовать не обращать на эти крики внимания?

Если взять и выложиться до конца? Чтобы просто посмотреть, как быстро я могу бежать. На самом деле. Если я побегу, как когда-то начинала, вокруг футбольного поля, ветер снаружи, ветер внутри, никаких мыслей, никаких границ, ничто меня не сдерживает?

Что будет?

И я побежала. Ноги подняли меня и понесли быстрее и дальше, чем когда-либо до этого, мимо моря людей, мимо меня самой. Я бежала.

Так бежать было восхитительно. И как-то совсем по-другому. Я не была пустой внутри, я как будто переполнилась. Я все так же слышала свое имя, все так же видела перед собой отца и Маттиа.

— Ты победила, — прокричал Тони мне в ухо.

— Я устала... так устала.

Он обхватил меня руками и отвел в сторону.

— Нор, ты слышала, что я сказал? Ты победила!

Я положила руки на живот и пыталась восстановить дыхание.

— Хорошо, — выдохнула я.

— Хорошо?! Да это великолепно! Я еще никогда не видел, чтобы ты бежала так быстро. Господи, когда ты действительно хочешь, со стороны так круто на это смотреть. Так здорово.

Он все обнимал меня, все похлопывал меня по плечу.

— Я всегда говорил, что из тебя получится чемпион. Если ты захочешь, Нор.

Вдруг я оказалась окружена со всех сторон, меня целовали и обнимали.

И тут я увидела папу и Маттиа. И вдруг расплакалась.

— Что с тобой? — спросил папа с тревогой.

— Она просто устала, — сказал Тони.

— Было так здорово, — попыталась я сказать. Папа бы понял. И Маттиа, наверное, тоже. Было совсем не так, как обычно. Впервые я не убегала от самой себя.

— Да, победа — это прекрасно, — сказал Тони. — Особенно после такой подготовки.

Я покачала головой. Не победа сама по себе, хотела я сказать. Но никто не спросил, что я все-таки имею в виду, все только хлопали меня по плечу и повторяли, что не надо плакать.

Может, они и правы. Может, победа — это действительно прекрасно.

Мы приехали домой. Папа повернул ключ в замке и вошел в дом. Чересчур быстро, мне показалось.

— Долго не задерживайся, — сказал он. Дверь за ним захлопнулась.

На улице было темно и горели фонари.

— Ну что, — сказал Маттиа. — Вот мы и приехали.

Говорит несмело. Переминается с ноги на ногу. Голова набок, волосы свешиваются на левый глаз.

Я сложила руки на груди и прислонилась к входной двери.

— Тебе понравилось? — Я знала, что ему очень понравилось. Так что это был очень глупый вопрос. Но иногда единственно возможные вопросы — это как раз очень глупые.

Он шагнул ко мне. Обхватил ладонями мое лицо и поцеловал меня. Я почувствовала, как кончик его языка касается моих губ, проводит по моим губам. Всего пять секунд. Пять ужасных секунд. И я его оттолкнула.

Он посмотрел на меня с такой нежностью и тревогой, что внутри у меня все растаяло. А я не хотела таять. Я не хотела, чтобы во мне что-то менялось.

Что-либо вообще.

— Ничего не получится, Маттиа. Отпусти меня.

Он взял меня за руки.

— Не отпущу. Все получится.

Я вырвалась.

— До свиданья, — сказала я. Развернулась, пошла вокруг дома к задней двери, больше не оглядывалась.

Он не пошел за мной. А я рассчитывала, что пойдет? Что же я такая глупая, зачем сама ушла?

Мне вдруг захотелось, чтобы опять можно было отключить мысли, перестать быть Нор, той Нор, которая сбивает с толку. У которой столько людей в голове.

Повернуть время вспять. Чтобы вернулась Линда. Рози у моей двери. Маттиа навсегда. Только безопасные игры. И чтобы больше никогда, никогда не было той дрожи, что начинается вдруг — с нуля и сразу на полную мощность.

Как тогда.

Мы пришли на школьную площадку. Там уже стояли все дети из нашей школы, целая армия. Рози сжала мою руку.

— Мы не виноваты, — сказала она. И руку больше не отпускала.

Еще четыре тротуарные плиты — и расстояние между нами и остальными закончилось.

Они расступились, как Красное море. Никто не сказал ни слова. Их взгляды будто прорезáли насквозь все, чего касались. Море за нами сомкнулось.

— Мы не виноваты.

За детьми стояли учительницы, смотрели на нас с любопытством, улыбались.

— Оставьте их в покое, — сказала одна из учительниц.

Злобный мальчишечий взгляд.

— Они ведьмы.

Его рот приблизился.

— Мне папа сказал. — Тот же мальчишка, с той же злобой.

— Твой папа — придурок. — Это Рози.

Я потянула ее за руку. Это означало: молчи.

— Это правда, мы не виноваты.

— Да, Норочка, мы знаем, — со вздохом сказала та учительница, что до этого велела оставить нас в покое.

— Меня зовут Нор.

Учительница кивнула. Нор так Нор.

— Дети, стройтесь в ряд. Быстро. Урок начинается.

Шум голосов. Море расступилось.

— Звонка еще не было!

— Я сказала, урок начинается. А кто не понял, тот останется после уроков.

Первый день будет хуже всего, предупреждала мама. Потом все станет почти как раньше.

Вслед за Рози я прошла в класс. Быстро провела рукой по глазам и направилась в конец класса. Шмыгнула за последнюю парту рядом с Рози. Здесь мы будем сидеть весь сентябрь. Первый месяц можно выбирать, куда садиться. А потом выбирать будет учительница. Я погладила рукой деревянную парту.

Будет почти как раньше. Мне мама сказала.

Спины сидящих впереди.

— Кто еще раз обернется, будет наказан, — за секунду до этого предупредила учительница.

Сработало: никто больше на нас не пялился.

Рози тихонько постукивала пальцами по скамейке. Пальцы у нее были длинные и смуглые, такие же тонкие, как она сама. Они протанцевали по скамейке в мою сторону и прошлись по моей руке. Я улыбнулась. Хотела бы я быть Рози. Красивых людей больше любят.

Учительница три раза хлопнула в ладоши.

— Закройте глаза, опустите голову и молитесь. В тишине. Начинайте. Пять минут. Не меньше.

Все начали молиться, потому что учительница всегда все видит.

Длинные черные волосы, просила я. Желательно кудрями.

— Мы молимся за Линду, — произнесла учительница. — И за всех, кому ее теперь не хватает.

10 195

Еще десять километров.

Меня догоняют двое бегунов, по одному с каждой стороны. Они настолько близко ко мне, что иногда меня касаются. Я знаю, что сейчас должна быть начеку. Тони меня предупреждал. Некоторым мужчинам захочется тебя раздавить. Они не выносят женщин на своей территории. Можно ли их при этом назвать мужчинами — это уже другой вопрос.

Я пытаюсь не волноваться. Того противного парня я смогла сбросить с хвоста. Но я сразу чувствую, что сейчас — совсем другое дело. Я чувствую запах их пота, запах их дыхания, исходящей от них угрозы. И в этот раз я бегу одна.

Они ничего не говорят, но как бы отсасывают весь воздух вокруг меня. Мне страшно. Вдоль трассы стоят люди, подбадривают нас, аплодируют, чокаются в нашу честь. Заступится ли кто-нибудь из них, если эти двое начнут меня донимать?

Вдруг один из них толкает меня всем телом, я ударяюсь о второго, и он отталкивает меня так, что я пошатываюсь. Я продолжаю бежать, не отстаю от них. Дыши за счет своей боли, беги за счет своего гнева: слова Тони гудят у меня в ушах, стучат в голове с частотой пульса.

— Иди с куклами поиграй, — пыхтит один из них, — детский сад.

— Твое место — на кухне, — пыхтит другой. — Супчик гото-о-ов!

Молчи, приказываю я самой себе. Будь сильнее, чем они.

Детский сад, твое место на кухне — эти слова поддерживают мой ритм. Им так же страшно, как и мне, я знаю, а может, еще страшнее. Вдруг я смогу от них оторваться? Вот будет позор. Их обошла женщина. Бедняги.

Не знаю, откуда у меня берется дыхание, но оно вдруг появляется. Я без всякого труда вырываюсь вперед на несколько метров и оборачиваюсь. Расстояние между нами увеличивается. Мужчины сдаются. Дают детскому саду себя обойти.

Этот рывок не пошел на пользу моему организму. Кажется, ноги прилипают к бетону. Я не хочу больше думать. Я должна отрывать ноги от земли и бежать дальше. Я должна беречь себя. Вернуться в прежний ритм. В мой ритм. А какой у меня ритм? Думать больше нельзя. А если без этого никак, то лучше уж думать о радостных вещах. Спать. Скоро. Сто лет. Спать — это радостно? Думаю, радостнее, чем умирать. Почему я решила, что умирать — грустно? Видела ли я когда-нибудь, чтобы люди, умирая, плакали?

Я инстинктивно бросаю взгляд на кольцо настроения. Оно было черным, когда я отдавала его Линде, и так и осталось черным навсегда. Не изменилось ни на йоту.

Пролетел год. Наступила зима, потом весна и осень. Как Тони предсказывал, так и вышло: у меня превосходные данные для бега на длинные дистанции. После национального чемпионата я начну тренироваться на десять тысяч метров.

Мама кормила меня правильной едой. Папа ездил на все соревнования. Я бегала, ела и спала. Иногда мы встречались с Зои, но не так часто, как раньше. У нее теперь парень. И много домашки. Раз в неделю она приезжала на тренировку, но потом ей надо было сразу ехать домой. К своему парню. К своей домашке.

Через несколько недель — национальный чемпионат. Тони опять произнес речь, и на этот раз я сразу подняла руку. Теперь мы в основном будем тренироваться на скорость. Выносливость я могу отрабатывать и дома, пробегать каждый день свои круги.

Однажды утром я встала, как обычно, без десяти шесть, быстро оделась и вышла на улицу. Шел дождь. Обычно он мне не мешал. Но в тот день дождь был сильный. Я надела поверх шорт и футболки ветровку и побежала.

На улице было еще очень тихо. Никаких звуков, только мое дыхание, мои шаги и дождь. Проезжающие мимо машины не сигналили. А вот днем такое часто случалось. Не понимаю, какая радость напугать бегуна.

Волосы прилипали к лицу. Я кое-как убрала их за уши, но они так не держались. Я достала резинку, которую всегда носила в кармане куртки, и завязала хвостик. Дождь все шел и шел. Я провела рукой по лицу и посмотрела вверх. Казалось, дождь закрывает весь дневной свет.

И тут она стрелой выскочила на меня из-за угла. Бежала прямо на меня и не лаяла.

Бельгийская овчарка, коричневая с проплешинами на боках. С пеной у рта. Худющая. Я ее раньше никогда не видела, может, собака была не здешняя. Она попыталась меня укусить. Я лягнула ее, но она не переставала рычать.

«Фу!» — как можно агрессивнее крикнула я. Но она попыталась ухватить меня за ногу. Я не придумала ничего лучше, как ударить ее ногой по морде. Она дико затрясла головой. Надо убегать, подумала я, и побыстрее. Но убегать уже было некогда.

Она толкалась мордой в мою левую ногу, я видела, как у нее в глазах вспыхивает злость, и понимала, что, если буду медлить, она нападет на меня, и тогда... У меня не было палки, чтобы отбиваться, мне ничего не оставалось, кроме как ударить ее ногой. Я ударила со всей силы, и тогда она вонзила мне зубы в левую ногу.

Это было так больно. У меня на глазах выступили слезы. Я заорала и стала звать на помощь. Собака на секунду разжала челюсти, и я быстро убрала ногу, продолжая кричать во все горло. Кровь струйками стекала по ноге, по гольфам, по кроссовкам, все текла и текла, и мне было некогда ее останавливать, потому что собака опять оскалилась и клацала зубами, подбираясь к моей ноге. Я ударила ее как можно сильнее. Она заскулила и стала трясти головой. Взгляд свирепый, пены еще больше. Она напрыгнула на меня передними лапами, и я, хоть и знала, что падать нельзя, все-таки упала. Я закрыла руками лицо, чтобы защититься от ее зубов. Я чувствовала на себе ее вес, чувствовала ее вонь, ее зловонное дыхание, смешанное с запахом мочи. Она разодрала мою куртку; еще немного, и она доберется до моих голых рук.

Почему никто не выходит мне помочь? Я не переставая орала и звала на помощь. На этой улице живут люди. Не может быть, чтобы все еще спали.

Может, они уже обзвонили всех соседей и рассказали, что на улице происходит что-то интересное, или обсудили между собой через живую изгородь за своими домами, что эта Нор, ну, помнишь, та плохая девочка, наконец-то она получила по заслугам, а теперь они сидят и разглядывают меня из-за занавесок. И посмеиваются.

Мне не справиться одной. Этот зверь разорвет меня на куски, а я не хочу умирать. Я била ногами во все стороны, и орала, и орала, от страха и боли, мне было так страшно, и я никак не могла понять, в деревне ведь все ходят в церковь, почему же они не спешат мне на помощь, разве они не слышали о прощении?

Меня трясло от крика и слез. Я пнула собаку в живот, вложив всю силу в этот удар. Она заскулила. Забыв свой страх, я била еще и еще, больше всего на свете мне хотелось забить ее до смерти. Тогда она отпустила мою ногу и убежала. Убежала! Ни разу не обернувшись.

Рядом со мной остановилась машина. Из нее вышел человек и подошел ко мне. Встревоженный взгляд. Все ли в порядке? Я уже сидела, обхватив руками ногу. На руках у меня была кровь, и на лице, скорее всего, тоже. Я пыталась вытереть рукавом слезы. И сопли. Не получалось. Мужчина побежал назад к машине и долго сигналил. Потом он вернулся с аптечкой. Я увидела, как в некоторых домах открываются двери. На улицу выбежали люди. В длинных халатах. Который час? Четверть седьмого? Почему я так рано на улице? Бегала? Их разбудил шум. Крики. А потом гудки. Идем-ка в дом, надо вызвать врача. Кто-то достал платок и вытер мне лицо. Кто-то другой осматривал рану на ноге. Мужчина из машины наложил повязку. Могло бы быть хуже, сказал он, но мне так не казалось, могло быть гораздо хуже, сказал он, а что, если я не смогу больше бегать, подумала я, а больше нигде не болит, нет, спасибо, хватит и ноги, подумала я.

Они проявляли такое участие и заботу, что мне хотелось верить в их искренность. Но слезы не уходили. Это от боли?

— Еще и шок, — слышала я, — а что вы хотите, она могла умереть. Собака могла схватить ее за горло.

— Еще все хорошо кончилось, — сказал кто-то мне в утешение.

— Ты сильная, — сказал кто-то другой, — смогла сбросить ее с себя.

— Только один из них мог победить, — сказал кто-то еще.

Меня начало трясти.

Кто-то набросил на меня куртку и повел в дом.

— Больно?

Я кивнула.

— Ты знаешь, кто она? — тихо спросил один человек у кого-то другого.

Я не подняла взгляд. Я не хотела этого слышать. Вот, подумала я, вот сейчас это произойдет. Нож в спину. Я села на предложенный мне стул и услышала, что кто-то звонит врачу и говорит, что это экстренный случай. Я попыталась закрыть уши, закрыть их изнутри, но у меня не получалось. Я слышала все. Даже шепот.

— Ты же знаешь Питера, он в банке работает, — тихо продолжал голос. — Это его дочь, ну, та самая, которая так хорошо бегает.

— Говорят, она летает как на крыльях.

— От бега ей на какое-то время придется отказаться.

Я снова могла дышать.

— Не придется, — сказала я вдруг. Национальный чемпионат. Тони. О нет! Он рассердится. Но я не виновата. Я делала то, что должна. Бежала. И все. И спасала себя.

Какая-то женщина пригладила мне волосы, хоть они и так пристали к голове из-за дождя. Она намочила рукавичку-полотенце, взяла мои руки и отмыла их.

— А теперь лицо. Ну и вид у тебя из-за всей этой крови. Родители испугаются.

Родители?

— Мы им позвонили. Сейчас приедут.

Я посмотрела на свою ногу и увидела, что бинт вокруг раны весь покраснел от крови.

— Поменять повязку? — спросил мужчина из машины. Он не стал ждать ответа. Осторожно размотал бинт.

Нога тряслась до сих пор, как и все тело.

— Тебе холодно?

Я помотала головой.

— Больно?

Кивнула.

— Какое-то время ты не сможешь бегать.

— Посмотрим, что доктор скажет, — сказал тот человек, кто привел меня в свой дом.

— Я приготовил тебе горячего молока. Пей на здоровье!

В комнате было полно людей, и они все смотрели, как я пью молоко. Когда чашка опустела, я так и не выпускала ее из рук. Я сказала, что это самое вкусное молоко, которое я пила когда-либо в жизни, и все довольно закивали в ответ.

Дверь в дом была открыта, и одновременно с врачом вошли мои родители.

— Мне так больно, — сказала я.

Я не хотела плакать, но опять заплакала. И на этот раз — не только от боли и горя.

Это была страшная рваная рана. «Опасная рана», — так сказал врач.

Все собачьи укусы — опасные раны. Мне сразу же сделали укол от столбняка. Кучу времени надо было пить антибиотики. Зашивать рану нельзя, иначе грязь останется внутри. Два раза в день надо ее обрабатывать, и по крайней мере полтора месяца нельзя бегать. В школу придется ходить на костылях, а первую неделю лучше вообще посидеть дома. Мне было одновременно холодно и жарко. Я чувствовала, как рана пульсирует в ноге, к тому же нога ужасно распухла.

Сейчас мой организм в прекрасной форме, а через полтора месяца мне придется начинать все сначала. Почти с нуля. Я видела такое у других спортсменов.

И о национальном чемпионате придется забыть.

— Не хнычь, — сказал врач. — Хочешь, чтобы рана зажила, — надо дать ноге необходимый покой. Вот и все.

Родители отвезли меня домой. Все пошли провожать меня к машине.

— Спасибо, — сказала я.

— Не за что, — сказал мужчина из машины. — Ты сама себя спасла, девочка.

— Если бы вы не остановились, она могла бы вернуться.

Мужчина покачал головой.

— Она бы не пришла. Она поняла, что встретила более сильного соперника.

Красивые слова. Я попыталась улыбнуться, но получилось не очень.

Мужчина участливо кивнул мне:

— Скоро снова сможешь бегать. Так же быстро, как раньше.

Я всем помахала, когда мы сворачивали с их улицы. Все помахали мне в ответ.

— Ох ты, Норочка, — сказала мама. — Норочка ты моя.

Полтора месяца без тренировок. Я не представляла, как это выдержать. Врач сказал, что, может, и дольше, но эту информацию я постаралась запихнуть в угол своей памяти. В конце октября смогу начать тренировки. Скорее всего. Тоже не самая обнадеживающая формулировка.

— Рваной ране требуется время, — сказал он, — и, скорее всего, у тебя останется некрасивый шрам на ноге.

Как будто я собираюсь участвовать в конкурсе «Мисс Бельгия».

Первые дни я все время лежала на диване. Если уж моей ноге для скорейшего выздоровления требуется покой, я не буду рисковать и разгуливать по дому. Я принимала болеутоляющие, от которых меня клонило в сон. Пролетал час за часом, я не успевала оглянуться, как проходил день.

В мыслях и во сне я много раз заново проживала свою борьбу с собакой. Чувствовала ее запах, ее слюну на своем лице и на руках, ее зубы в своей ноге, режущую боль. Лица вокруг. Мягкие руки. Мое удивление.

Мне почти казалось, что всего этого не было. Но это было. Достаточно взглянуть на ногу.

Я позвонила Тони. Выслушала, как он ругается. Но еще в его голосе была тревога. И восхищение. Ну-ну, сказал он. Еще раз выругался, сказал, что в этом году чемпионом страны станет номер два, рад за нее, вздохнул он, скорейшего мне выздоровления, и он сегодня заедет. Так он и сделал. С целой корзиной фруктов и целым списком упражнений на то время, когда мне снова можно будет пользоваться ногой.

Скоро мне уже не нужны были болеутоляющие. Я начала скучать.

— Почитай газету, — сказал папа, — посмотри телевизор. Так время идет быстрее.

И я читала газету. Смотрела телевизор. Сама удивлялась, что у меня хватает терпения читать все статьи, досматривать до конца все передачи, вплоть до прогноза погоды.

А однажды вечером я увидела по телевизору то, что зацепило меня и потом уже не отпускало.

Был вечер пятницы. Мама с Тео ушли к зубному, мы с папой вместе сидели у телевизора. Смотрели передачу о марафоне. Она началась с фрагментов Олимпийских игр, проходивших год назад в Монреале. Я знала, что Карел Лисмонт занял третье место. Эти кадры были мне знакомы: Лисмонт, внезапно появляющийся на стадионе. Ликование, с которым встретили этого маленького бельгийца. Мне до сих пор очень нравился этот момент. Как будто не важно, пришел ты первым, вторым или третьим. Это наполняло меня бесконечным восхищением.

Потом было интервью с каким-то важным человеком из мира спорта. Его спросили: почему в программу Олимпийских игр не входит марафон среди женщин?

— Да, — сказал папа, — я тоже не понимаю.

— Женщинам не хватает выносливости, — ответил тот важный человек по телевизору. — Мало мышц, мало физической силы. Пробежать марафон — то же самое, что забраться на вершину горы, а гора эта высотой как два Эвереста. Не женское это дело.

— Ничего себе, — сказал папа. — Вот идиот. Ну, и про Эверест — это он загнул.

Я была полностью согласна с папой.

Передача завершилась коротким репортажем о бельгийской спортсменке Магде Иландс, ездившей в сентябре в Германию на марафон среди женщин. Это был ее первый марафон, и в нем участвовали сильные спортсменки со всего мира. Иландс заняла седьмое место, и все говорили, что это прекрасный результат. Но из-за того, что женщинам в Бельгии участвовать в марафоне запрещено, ее вызвали в дисциплинарный комитет Бельгийского атлетического союза. И на две недели отстранили от соревнований.

Разгорелся спор. Противники говорили, что женщины не могут этого и никогда не смогут. Сторонники возражали, что в других странах женщины уже десятки лет принимают участие в марафоне, неужели бельгийки как-то по-другому устроены?

Репортаж закончился сообщением, что — возможно, благодаря Иландс — недавно регламент был изменен. Теперь и в Бельгии женщины смогут участвовать в марафоне. Если, конечно, они согласятся бежать вместе с мужчинами, ведь для этого нужно мужество. Проводить отдельные женские марафоны у нас пока рано. К этому Бельгия однозначно не готова.

— Просто смешно, — сказал папа. — Надеюсь, у них хватит мужества.

Он посмотрел на меня.

— Может, и ты когда-нибудь побежишь. Кто знает?

Для этого нужно мужество. Найду ли я в себе мужество?

В комнату вошла мама, а за ней — Тео.

— Мы встретили Маттиа, — с порога объявил Тео. — Я все ему рассказал. Про собаку и вообще. Он сказал, что завтра зайдет. По-моему, он в тебя влюбился.

— Что за бредятина!

— Сама ты бредятина. Смотри, как покраснела!

Тео, мой брат-подросток. Иногда мне хочется размазать его по потолку.

— Надо было ему не говорить, да?

Я покачала головой:

— Нет, все нормально.

А что Маттиа, испугался? Переживает? Сказал, что я молодец?

Мне так хотелось это узнать, но лучше язык себе откусить, чем расспрашивать Тео.

На следующее утро он уже был у меня. Я спросила: не хочет ли он полюбоваться моей раной? Или услышать рассказ о моем подвиге?

Он сел на стул рядом со мной. Я рассказала, как мне было страшно. И что мне до сих пор больно. Что я еще очень долго не смогу бегать. Он спросил: обидно? Обидно, ответила я. Но я знаю, что потом все будет хорошо. И тут повисла ужасно долгая пауза.

Он сел на пол и прислонился головой к дивану. Я сидела в подушках, подложив правую ногу под выпрямленную левую. На мне были мои новые тренировочные штаны, единственные, из которых я еще не выросла. И самая красивая футболка. Я посмотрела на его волосы. Как они блестят. Такие же черные, как у Рози, и такие же кудрявые. Я опять вспомнила, как мне раньше хотелось иметь волосы, как у Рози. Если бы я могла стать похожей на Рози, все бы уладилось само собой.

Я спросила, как у нее дела.

Не очень, сказал он. Она не знает, чего хочет, просто живет как придется. И это плохо кончится. Он очень боится, что так и будет.

У меня в животе что-то скрутилось, и меня затошнило.

Я вдохнула поглубже.

Если найду в себе мужество.

Я попробую сходить к ней, сказала я. Когда мне можно будет выходить из дома. Но придется немного потерпеть. И я не волшебная фея.

Вот это неправда, сказал он.

И больше ничего. Кроме широкой улыбки.

Был конец октября. Я уже полтора месяца провела без нагрузок. Мама все это время возила меня в школу на машине. С понедельника мне разрешили начинать тренировки.

Я пыталась. Два раза к ним ходила. Оба раза ее мама говорила, что ее нет дома, что-нибудь передать? Нет, говорила я. Но пусть заходит ко мне. Если хочет.

Мама обещала ей передать.

Рози так и не зашла. Я даже не знала, расстраиваться мне из-за этого или вздохнуть с облегчением.

Вечер воскресенья. Мы все вместе сидим перед телевизором и ждем передачу о спорте после новостей.

Соединенные Штаты Америки празднуют свое двухсотлетие. В связи с этим маршрут марафона перенесли из Центрального парка на улицы Нью-Йорка. Фрагменты марафона показывали уже в новостях.

— Смотри, дочка, какая красота, — сказал папа.

Впервые тысячи людей бежали по улицам Нью-Йорка. Политики обещали, что теперь так будет каждый год. Дети и взрослые протягивали участникам напитки и фрукты. Радостные выкрики, аплодисменты. Праздник. Папа то и дело подталкивал меня в бок и кивал на экран. Он улыбался все время, пока шли эти кадры, и еще долго после этого.

А потом показывали награждение победителей. Для мужчин и женщин — отдельные списки. Отдельные кубки, отдельные медали.

— Видишь, — сказала мама. — Значит, там можно.

— Прекрасная страна, — вздохнул папа.

— У нас ведь теперь тоже разрешили, — сказала я. — Женщинам можно участвовать в марафоне.

— Да, но там это уже много лет. А здесь еще столько всего должно произойти.

— Нам нужны борцы, — сказала мама. — То есть борчихи.

Вдруг меня пронзила мысль: я хочу пробежать марафон.

Я сошла с ума.

Или нет? Если я действительно захочу. На триста процентов, например. У меня всегда была железная выдержка, и она точно вернется ко мне, если я начну прямо завтра.

— Я буду бежать марафон, — сказала я.

— Не может быть и речи, — сразу среагировал папа. — Ты еще растешь. Твой организм не справится с такой нагрузкой.

— Я все равно хочу.

— Ты не понимаешь, что говоришь.

— Может быть.

И больше никто ничего не сказал.

Они будут мной гордиться.

По дороге на тренировку Тони провел со мной серьезный разговор:

— Сейчас без глупостей. Сегодня для тебя важно только одно: осторожность. Против тебя играют три вещи: ты долго пролежала без движения, рана только-только затянулась, и тебе некуда девать энергию. Но помни: сегодня надо быть начеку. Ты не можешь быть неуязвимой, Нор. Никто не может.

Как будто я сама еще не догадалась.

— Мы не будем торопить события, лучше мы тебя несколько месяцев побережем, зато не испортим следующий сезон. Договорились?

В раздевалке висел плакат. Он и раньше там висел. На нем был изображен бегун, а под ним — текст: «Здесь ты учишься проигрывать». В тот день я впервые поняла, что это значит.

Тренировку мы, как обычно, начинали с разогрева. За это время я столько раз проделала эти упражнения дома, что это была ерунда. Потом пробежали одну дорожку. Тони задал темп. Так я могла бы бежать еще несколько часов. Разве я могла устать? Ведь я так радовалась, что мне опять можно бегать.

— А теперь спринт, — сказал Тони и сразу отошел к обочине, чтобы пропустить нас. — Нор, не переусердствуй, хорошо?

Нас было десять человек, и остальные девять обогнали меня один за другим. Такое со мной впервые, я совершенно не была к этому готова. Я сделала глубокий вдох и приказала ногам бежать быстрее. А что, если увеличить шаг? Я всегда бежала от таза — а что, если выносить таз вперед быстрее и дальше? Но ноги не делали того, что требовала голова. Дыхание совсем сбилось, а ведь именно дыхание — мое самое сильное место. Сердце билось все сильнее. Кишечник взбунтовался. Меня пробило по́том. Я не хотела, чтобы у меня так часто билось сердце, чтобы я потела, я хотела успокоить кишечник. Но больше всего я хотела бежать быстрее. Я чувствовала, как к глазам подбираются слезы, но ни в коем случае не хотела расплакаться. Лучше умереть на месте. Я догнала девятый номер. Потом восьмой. Какое-то время шла вплотную к Зои, она была седьмой. Бежала с ней наравне.

— Ничего себе, как ты вдруг научилась бегать, — запыхавшись, сказала я.

— А ты, представь себе, еще в сто раз быстрее бегаешь, — пропыхтела она в ответ.

Она быстро взглянула на меня и улыбнулась.

— Нет, Нор. Ты этого не слышала. Не надо. А то будет травма.

Я кивнула. Улыбнулась ей в ответ. Мышцы до сих пор не слушались меня так, как обычно, но надо было бежать вперед. Я обошла Зои. Теперь я бежала шестой. Виктор бежал впереди. Пятьдесят метров, прикинула я, не больше. У меня получится. Мы опять пробежали мимо Тони. Он дико размахивал руками в мою сторону, крича, чтобы я прекращала, но я могла только бежать изо всех сил, как можно быстрее.

Виктор оглянулся. Между ним и мной три мальчика и одна девочка. Для спортсмена, который хочет победить, это очень много.

Вдруг рядом со мной оказался Тони.

— Если не прекратишь, я исключу тебя из клуба, — сказал он, тяжело дыша.

Я посмотрела на него в ужасе.

— Ты играешь со своим организмом, Нор.

— Я хочу бежать так быстро, как могу.

— Сегодня это слишком быстро. Это твоя жизнь, Нор. Ты уже достаточно большая, чтобы самой решать.

В его голосе звучало беспокойство. В глазах — паника.

Я ему кивнула. И вдруг ко мне все вернулось. Тот покой, который приходил ко мне во время бега. Та уверенность, что я всегда дойду до финиша. Разве когда-нибудь мой организм подводил меня, когда я бежала? Я так хорошо его знаю. Он сам меня затормозит, если надо. Просто мне нужно проверить, как далеко я могу сегодня зайти. Страх ушел. Сердце билось на месте раны. Больно не было. Я еще много часов смогу бежать с этой пульсирующей ногой.

Я больше не ускорялась, оставаясь в одном темпе. Так я обошла еще двоих бегунов. Но трое бегущих впереди обогнали меня на много метров.

Побеждать значит намного больше, чем просто прийти первым.

Конечно, я уже устала, когда Тони сказал, что на сегодня хватит. Подозреваю, он специально устроил перерыв, чтобы меня поберечь. Я присела рядом с ним передохнуть. Вдруг я почувствовала, как он неуклюже треплет меня по волосам, грубовато, как будто сам этого не хочет.

— Я тобой горжусь, — сказал он. — За то, что ты послушалась голоса разума. И смотри-ка, не так уж сильно ты отстала.

— Я буду бежать марафон, — сказала я.

— Ты серьезно? — спросил он.

Я кивнула.

Он улыбнулся.

— Неплохо придумано, Нор. Во всяком случае, энергии у тебя хватит. Выносливость придет. Вот подрастешь еще несколько лет, и можно начинать готовиться.

— В следующем году, Тони.

Он перестал улыбаться.

— Наверное, я тебя не так понял.

— Я начну готовиться сейчас. Я даю себе год, мне как раз исполнится восемнадцать. У меня все должно получиться.

— Нет, — сказал Тони. — Исключено. Слишком большой риск.

— Тони!

— Я серьезно. Восемнадцать лет — слишком рано. Это безответственное отношение к собственному организму. Нельзя, Нор, и все. Выброси это из головы.

— А я все равно хочу, — сказала я.

Он глубоко вздохнул.

— Куда подевалась та маленькая девочка, которая боялась рисковать?

— Она все еще здесь, — ответила я.

Подошла Зои.

— А ты еще не разучилась бегать, — засмеялась она. — Как же ты здорово бегаешь! Мне и сейчас за тобой не угнаться, наверное, я безнадежна...

— Ты не безнадежна, — на автомате ответила я.

— Что у вас тут, что-то случилось? — Зои всегда все замечает.

— Эта мадам вбила себе в голову бежать марафон, — ответил Тони. — Может, у тебя получится ее отговорить.

— Марафон? Вот это да, Нор, и ты не боишься?! — Столько воодушевления в ее голосе. Она села рядом со мной. — Вот это да! — повторила она. — Какая же ты смелая!

— Зои! — вздохнул Тони.

— Она смелая, — сказала Зои. — Это еще самое меньшее, что можно сказать.

И тогда я с такой силой поцеловала ее в щеку, что у нее зазвенело в ушах.

8 195

Зои должна была приехать. Она обещала. И Виктор обещал приехать с ней. У Зои уже есть права. Я тоже собираюсь пойти на вождение, но не сейчас, позже.

Мы обе сняли по комнате в Левене, недалеко друг от друга. Через две недели начнется учебный год. Я буду учиться на специалиста по спорту, она — на юриста.

Она умная, наша Зои. На первом курсе ей наверняка будет очень легко учиться. Она утверждает, что мне тоже. Ладно, там увидим. А пока надо дойти до финиша.

Финиш, о господи. Я о нем почти забыла. Что он где-то есть и что до него надо добежать. Внезапно я опять чувствую, как я устала, как за последние километры у меня отяжелели ноги.

Думать о другом.

Она столько всего умеет, наша Зои. Даже сама меня постригла, теперь у меня очень короткие волосы. Это очень удобно, после душа они моментально высыхают. И все же к ним еще надо привыкнуть. Но я просто хотела понять, пойдет мне так или нет. Волосы у меня быстро растут, скоро будут как раньше. Виктор говорит, так слишком коротко. Маттиа надеется, что они отрастут. Но Зои нравится и так. Рози тоже, ей вообще все равно. Ей всегда все нравится.

Надеюсь, она тоже приехала. Я бы очень обрадовалась. Во всяком случае, она обещала.

Остается меньше восьми километров. Не верится, что я уже столько пробежала. До чего же соревнование отличается от тренировки! Чтобы подготовиться, я пробегала много километров, неделю за неделей. Но на тренировке я никогда не хватала ртом воздух. А теперь приходится. Беги, Нор. Не хнычь.

У Тони сегодня соревнование с юниорами. Но вдруг он тоже приехал. И стоит себе у финиша. Я так и знал, Нор, что у тебя получится. Ты слишком молода, это безответственно, но ты молодец.

Вдруг он приехал? Откуда-то появляются слезы и щиплют глаза. Тони, мой полуитальянец. Почти такой же упрямый, как я.

Я бегу вперед. Из последних сил. На последнем дыхании. К черту в пекло, на край галактики. Как танк.

Ради всех людей в моей голове.

На следующей тренировке.

— Я подумал, — сказал Тони. — И мой ответ — нет. Исключено. Слишком большой риск.

Меня как по голове ударили. Никто не хочет мне помогать, все говорят, что я сумасшедшая. И не шутят при этом. Но я не сумасшедшая. Я хочу бежать марафон не завтра, а в следующем году в сентябре. Времени, чтобы подготовиться, больше чем достаточно. Тони сказал, чтобы я не строила иллюзий. Марафон намного тяжелее, чем тысяча пятьсот или две тысячи метров. Как будто я сама не знаю. Я составлю график тренировок и буду заниматься по схеме.

Тони сказал, что мне будет мешать мой привычный ритм. Но я слышала рассказы об участниках марафона, которые бегали и другие дистанции тоже. И мужчины, и женщины. В клубе считают, что я недооцениваю уровень сложности. Жестоко ошибаюсь. Марафон существует исключительно для мужчин, утверждает руководство клуба. Но почему я должна им верить? Я всегда бегала быстрее Виктора. К тому же в Нью-Йорке женщины участвуют в марафоне, я сама видела по телевизору. И в других странах женщины уже участвуют.

А в конце он сказал, что я не смогу победить. Как бы я ни пыталась, первой мне не прийти. Мне придется соревноваться с мужчинами, это слишком серьезная конкуренция.

Тони, сказала я. По-твоему, я этого не понимаю? Мне не надо побеждать. Пробежать марафон до конца — это уже победа. Моя схватка с горой, помнишь, Тони? Я не смогу подчинить себе гору, но я смогу на нее подняться.

Разве я забыла, что уже привыкла побеждать? В этом соревновании мне тоже захочется победить. И это меня сломает. Бесславно завершит мою карьеру.

Посмотрим, Тони. Посмотрим.

Больше он об этом не говорил. Но однажды, когда после тренировки мы почти доехали до дома, он вручил мне толстую стопку бумаг. Это были статьи и тренировочные схемы.

— Отнесись к этому серьезно, — сказал он. — Ты успеешь правильно подготовиться, время есть.

Я положила бумаги на колени и посмотрела на них.

— Ты точно не хочешь меня готовить?

— Мне не разрешат, — ответил он. — Даже если бы я захотел. Запрет клуба.

Мы доехали до дома.

— Все равно спасибо, — сказала я и собралась выйти.

Он положил руку мне на плечо и задержал меня.

— Но я приеду, — сказал он. — Если я тебе нужен, я приеду.

Он так хорошо знал меня. Насквозь. Я улыбнулась ему, и он улыбнулся в ответ. Ущипнул за щеку.

— Давай, Нор, вперед. Тебя все равно не остановить.

Я закрыла за собой дверцу, закинула сумку на плечо и смотрела ему вслед, пока он отъезжал. Опять благодаря Тони у меня появились крылья.

Рана на ноге прекрасно зажила. Да и времени уже много прошло.

С ноября соревнований было меньше, но тренировки продолжались как обычно. Тренировочные схемы, которые мне дал Тони, были рассчитаны на четыре месяца подготовки для тренированных спортсменов. Так что зимой можно было не торопиться.

Теперь уже все знали, что я собираюсь бежать марафон, и после того как практически все сказали мне, что я сошла с ума и что в моем возрасте и так далее и тому подобное, больше эту тему никто не затрагивал.

Каждое утро я бегала час. Этого хватало, чтобы проснуться и набраться энергии на весь день. Школу я ненавидела. Там не было никого, с кем мне было бы хорошо. Все друзья были в клубе.

Тони остался моим тренером. Мы оба так захотели. В клубе не все были с этим согласны. Другой тренер дал бы мне другой подход, другие задачи, и, может быть, это сделало бы меня еще сильнее. Но нам с Тони и так все нравилось.

В тот день я, как обычно, хотела начать пробежку в шесть часов. Я тепло оделась, потому что не могла себе позволить заболеть. На колено надет наколенник. Левое колено — мое уязвимое место. Вот чего я совсем не могла себе позволить, так это еще одну травму, даже думать не хотелось, чтобы еще раз проваляться несколько недель без дела.

На улице было темно. За дверью я обо что-то споткнулась. Но только это оказалось не что-то, а кто-то. Девушка. Она сидела, привалившись к дверному косяку. Из-под шапки — длинные черные вьющиеся волосы. Куртка незнакомая, но волосы я узнала сразу.

— Рози, — сказала я.

Мой желудок вмиг перевернулся на триста шестьдесят градусов, ноги стали как резиновые.

Она посмотрела мне в глаза. Неотразимая красавица, несмотря на худобу. Моя Рози, подумала я. Мне захотелось сесть с ней рядом, обнять ее и прижать к себе.

И я так и сделала. Она меня не оттолкнула. Даже положила голову мне на плечо. Мне хотелось видеть ее глаза, но никак не получалось, потому что шапка была натянута по самые брови, а голову она не поднимала.

Мне стало холодно. Ей, наверное, было в сто раз холоднее. Я взяла ее руки в свои и почувствовала, как ее начало трясти.

— Пойдем в дом? — предложила я.

Она помотала головой, но я сделала вид, что не заметила. От ее волос пахло цветами. Я глубоко вздохнула. Не так все и плохо, если волосы пахнут цветами.

— Давно тут сидишь? — Я встала, толкнула дверь и отвела ее в дом, сразу по коридору на кухню.

— Не надо в дом.

— Надо. Берегись, Рози, я теперь ужасно упрямая, — сказала я. Она не улыбнулась.

— Хочешь попить чего-нибудь горячего? — спросила я.

Она опять помотала головой. Я отпустила ее. Мы стояли друг против друга. Я чувствовала, как мужество оставляет меня. А я думала, все сразу станет легко, как только мы окажемся в доме? Она стянула с себя шапку, тряхнула волосами и посмотрела мне в глаза. Смотрела так, будто мы незнакомы. Я тоже не могла ее узнать. Это была она, но и не она.

— Родители отобрали у меня все. Даже ключ. И теперь я не могу попасть домой. Очень глупо.

Я оперлась о край стола. Не могла отвести от нее взгляд. Виновата ли я в том, какой она стала? Неужели это все из-за меня?

— Спорим, они даже не заметили, что меня нет?

— А где ты была ночью?

— Не твое дело.

Вот именно, не мое. Но почему тогда она здесь и чего ждет от меня? Могла пойти куда-нибудь в другое место. Или она просто хотела дождаться рассвета и тайком пробраться в дом? Но в бункер так просто не проберешься.

— Это Маттиа сказал, чтобы я шла к тебе, — сказала она. Она, как всегда, заранее знала, что я собираюсь спросить.

— Если что-то случится, надо идти к тебе. Он мне тысячу раз это повторял. Очень тебе доверяет.

Я смотрела на нее удивленно.

— Ну, я пойду, — сказала она. — Глупо было к тебе приходить. Забудь, что я здесь была.

— Нет, — сказала я. Надо было ее как-то остановить, превратить обратно в прежнюю Рози.

— Ты мне не мама.

Она села на стул у стены. Я вспомнила о ста ее парнях. Или их уже не сто, а больше? Переживает ли она до сих пор из-за Арнаута? Я вспомнила наши поцелуи. И какие у нее только что были холодные руки. Она пришла ко мне не просто так.

Я достала из холодильника молоко, налила в ковшик и поставила на огонь. Помешивая молоко, я чувствовала, что она смотрит мне в спину. Я поломала на кусочки шоколад, бросила в молоко, добавила две ложечки сахара. Когда шоколадное молоко было готово, я поставила перед ней чашку.

— Подожди. — Я насыпала в молоко побольше шоколадной крошки. Она всегда так любила. Горячее шоколадное молоко с сахаром, и шоколада намного больше, чем надо.

И обязательно с шоколадной крошкой. Когда молоко стало почти черным, я перестала размешивать, оставила ложку в чашке.

Она взяла чашку.

— Горячо, — сказала она. Держала чашку в руках и дула на молоко. Мы молчали. Я сидела на столе, она на стуле. Она пила малюсенькими глоточками.

— Горячо, — повторила она еще раз.

У нее дрожали руки. Она поставила чашку на стол и обхватила себя руками, сунув ладони под мышки. На меня она не смотрела. Она была похожа на большую исхудавшую птицу — сидит и ждет, когда можно будет улететь.

Я молчала. Я помнила, что Рози такая же упрямая, как я. Ее невозможно заставить что-то сказать или сделать. Если Маттиа думает, что я это могу, он сильно ошибается.

Никто из нас так и не нарушал тишины. Я хотела столько всего спросить, но молчала. Взглянула на часы. Через пятнадцать минут встанут родители.

Она опять взяла чашку обеими руками и медленно выпила все до конца. Потом рукавом провела по глазам. Закрыла руками лицо. Я не слышала ни звука, но видела, что она плачет. Бывает, что люди плачут беззвучно. Я и сама часто так плакала.

Тут зазвонил телефон. Я пошла в гостиную и сняла трубку.

— Она у тебя? — спросил Маттиа.

Я кивнула.

— Да, — сказала я, спохватившись: он же меня не видит.

— С ней все в порядке?

— Не знаю.

Рози уже стояла рядом со мной.

— Это Маттиа? — спросила она.

Я кивнула. Она взяла у меня трубку.

— Откуда ты знаешь... Они тебе звонили?

Очень долго она просто слушала. Потом отдала трубку мне.

— Что происходит? — спросила я у Маттиа.

— Пусть она тебе сама расскажет. Не отворачивайся от нее, Нор. И спасибо тебе.

Спасибо? За что? Я до сих пор не понимала, что происходит.

— Слушай, Рози. Сейчас ты мне все-таки все расскажешь. Вот-вот встанут родители, и мне хотелось бы сначала самой понять, что к чему.

Она пожала плечами.

— Ты все равно узнаешь. Родители хотят сдать меня лечиться.

— В психушку?

Она кивнула.

— Неуправляемое поведение, — сказала она. — Круто звучит, да?

— А что ты натворила?

— Ничего.

— Конечно.

— Лучше тебе не знать.

— Скажи.

— Я до сих пор ворую, — ответила она. — Раньше меня всегда прощали, потому что я такая красивая милая девушка. А теперь — всё.

— Кто тебя прощал?

— Хозяева магазинов. Родители. Полиция. Но в следующий раз мне крышка. Я больше не буду воровать, я обещала. А родители мне уже не верят.

— Они на самом деле хотят тебя сдать?

— Дают мне еще один шанс. Самый последний. Но это еще не все. У меня сейчас три парня, и я не знаю, которого выбрать. А в школе я второй раз подряд осталась на второй год. А я так хотела, чтобы все было как раньше, Нор. Как в детстве.

Она уронила голову на руки. Я услышала, что она плачет. Это было так страшно, что меня бросило в жар. Я подошла к ней и хотела ее обнять.

Тут открылась дверь.

— Что здесь происходит? — Испуганная мама.

— Рози, — побледнев, сказал стоящий за ней папа.

— Я пойду, — сказала Рози.

— Останься... — начала я.

— Ни за что.

И сразу же раздался звонок в дверь. Папа пошел открывать. В дом зашли родители Рози, ее мама обняла Рози, а ее папа — их обеих сразу. Как в плохом американском фильме. Но руки семейства Цуккато были настоящие.

— Извините нас, — сказал Эдоардо. — Мы сами только что узнали, что она здесь. Надеемся, она вам не очень помешала.

— Вовсе нет, — ответила мама. — Поставить кофе?

Эдоардо покачал головой.

— Думаю, нам лучше пойти домой. Она, наверное, устала. Ты устала, Рози?

Она посмотрела на него. Ни злости, ни облегчения. Ничего. Только размазанные по лицу следы туши.

Я вместе с ними вышла на улицу и увидела, что дверь их дома, эта тяжелая дубовая дверь, стоит нараспашку. Они вошли в дом, Рози впереди всех, и дверь захлопнулась.

Знакомый камень в горле рос и заполнял собой все мое тело. Я снова и снова глотала слюну, но знала, что это не поможет. Единственное, что мне могло сейчас помочь, — это бег.

— Нор, подожди, — крикнула мама мне вслед, выйдя на улицу и увидев, что я убегаю.

Я летела как ветер. А когда наконец вернулась домой, даже не почувствовала усталости. Наоборот. В голове проносились воспоминания. Воспоминания о давно прошедших днях. Когда я до смерти скучала без Рози. Когда Маттиа сделал мне главное предложение в жизни.

Это было одним летним вечером, через несколько дней после несчастного случая с Линдой.

Я скучала дома. Телевизор включать было нельзя, потому что, говорили родители, не принято смотреть телевизор, если умер кто-то, кого ты хорошо знал. Так что я вышла на улицу, прошла мимо дома Рози. Заглянула через окно внутрь. Они сидели за столом. Я постучала по стеклу и помахала. Рози помахала в ответ. Я видела, что она хотела встать из-за стола, но ее папа велел ей сидеть. Она улыбнулась мне и пожала плечами. А Маттиа встал. Эдоардо что-то сказал, Маттиа что-то ответил и пошел к двери. Дверь открылась, и вот он уже тут.

Он сел на бордюр тротуара.

— Мне надо тебе кое-что сказать, — начал он.

Я села рядом с ним.

— А Рози? — спросила я.

— Ей пока нельзя выходить из дома.

— Почему?

— Она еще не доела.

— Ты тоже не доел.

— Да. — Он улыбнулся. — Отец рассердился. Но мне все равно.

По его голосу было понятно, что он не шутит. И тогда он спросил:

— Когда вырастешь, ты выйдешь за меня замуж?

Я с испугом взглянула на него искоса. У него слишком большой нос, слишком короткие волосы, а глаза такого странного цвета, которому и название-то не придумаешь. Иногда зеленые, иногда карие, а чаще и то и другое. Меняют цвет, как кольцо настроения. Зря я отдала кольцо. Я бы сейчас тайком взглянула на него, и, если бы оно стало сине-зеленым, я бы знала наверняка. Выходить мне замуж или нет.

Тут он посмотрел на меня своими зелено-карими глазами, и я сама поняла, что я этого хочу.

— Подожди, — сказал он. — Я знаю, как мы сделаем.

Он встал, взял меня за руку и потянул за собой. Мы зашли за угол дома.

— Поцелуй меня, — сказал он.

Я испугалась. Что он имеет в виду, прямо в губы или просто в щеку?

— Сам меня поцелуй.

— Нет, я же первый сказал. И, если ты меня поцелуешь, это будет значить «да».

Я почувствовала, как мне вдруг стало жарко.

— Поцелуй, как и слово, не воробей, вылетит — не поймаешь. Так что хорошо подумай, прежде чем меня целовать.

Значит, я была права, что боялась.

— Прямо здесь? А если кто-нибудь нас увидит?

Это был глупый вопрос. Нас никто тут не мог увидеть. Поэтому мы сюда и пришли.

— Давай, Нор, — сказал он, — пожалуйста.

Я посмотрела на него. На его губы. По-настоящему будет только в губы. Он закрыл глаза и улыбнулся. Я не стала закрывать глаза, дотянулась до него, поднесла губы к его губам.

Мы целовались одну секунду. Судя по всему, больше ничего и не требовалось, потому что Маттиа открыл глаза и сказал, что теперь мы помолвлены и лет через десять поженимся.

Помолвлены, почти женаты. Мне нравилось думать, что мы с Маттиа почти женаты.

— Вот и все, — сказал он.

Он опять взял меня за руку и повел обратно к двери.

— И еще кое-что, Нор.

Мы опять сели на тротуар.

— Про Линду, — начал он. — Отец говорит, к вам будут теперь плохо относиться. Особенно к тебе.

Зачем он начал об этом говорить? То теплое чувство, которое только что наполняло меня, исчезло без следа. Почему люди должны быть против нас? Все ведь сказали, что я сделала все возможное. Я ведь тогда осталась с Линдой, а Рози могла бежать, и бежать, и бежать, пока не найдет кого-нибудь, кто придет на помощь. Мне тоже хотелось убежать.

— Я буду тебя защищать, — сказал Маттиа.

Дверь их дома открылась, и на улицу выбежала Рози.

— Я все видела, — торжествуя, сказала она. — А тебе сейчас надо вернуться и доесть, иначе тебя на месяц посадят под домашний арест.

Она села на тротуар между мной и Маттиа и толкнула его в бок.

— Давай, поторопись, — сказала она. — Он очень сильно рассердился.

Маттиа пожал плечами.

— Еще посмотрим. — Он кивнул мне. Потом встал и пошел в дом. — Пока, Нор, скоро увидимся. — Обернулся к Рози. — Пока, коза.

И закрыл за собой дверь.

— Коза?! Я это ему припомню!

— Оставь его.

— Вот как! Ты теперь всегда будешь его защищать?

— А как иначе? — сказала я. — Мы с ним поженимся.

— Я так и думала, — сказала Рози. — А теперь что?

— Теперь? Ничего.

— Мы с тобой и дальше будем дружить.

— Конечно, — сказала я. — Всю жизнь.

— Честное слово?

— Честное слово. И ты тоже скажи.

— Честное слово, — сказала Рози. Она обхватила ладонями мое лицо и хотела меня поцеловать.

— Не надо, — сказала я.

— Почему это не надо?

— Я выйду замуж за Маттиа, — сказала я. — Я не могу целовать двух разных людей.

Она кивнула и сказала, что тоже поищет, за кого выйти замуж. Это будет несложно, Рози была самой красивой из всех девочек, которых я знала. И даже если считать вместе с мальчиками.

Она закинула руку мне на плечо. Ее голова лежала на моей, или наоборот? Мы больше не разговаривали, нам не нужны были слова, чтобы нам было хорошо.

Мне хотелось, чтобы мы с ней так и остались сидеть на этом тротуаре, навсегда.

— Ты к Рози? — спросил Маттиа. — Ее нет дома.

— А-а.

— Ее вообще почти никогда не бывает дома. У нее опять новый парень. Ханс, садовый гном.

Я услышала издевку в его голосе.

— Садовый гном?

— Просто он ее на голову ниже. И похож на садового гнома. Она вот-вот должна прийти, а уйдет ли куда-нибудь вечером — не знаю. Но даже если и уйдет, то не сразу, обычно она выходит из дома не раньше одиннадцати.

Я кивнула.

— Заходи, — сказал он.

— Хорошо, — я вошла.

Дверь за мной захлопнулась. В коридорчике не видно ни зги, я иду за Маттиа наобум. Споткнулась обо что-то, наклонилась посмотреть. И увидела десятки цветочных горшков. Споткнулась еще раз и ухватилась за Маттиа.

— Извини, — сказала я. — Но здесь так темно.

— Свет в коридоре перегорел, — ответил он. — А тут еще эти горшки.

— Да ладно. Ничего страшного.

— Мама поставила их сюда на зиму. Я ей говорил, что кто-нибудь тут ногу сломает. А она: «И кто же это будет? Сюда все равно никто не приходит». — Его слова прозвучали с горечью.

— Но я же пришла, — сказала я.

Что я несу?

К счастью, было темно, и он не видел, как кровь прилила к моему лицу.

— Родители дома?

— Они в церкви. Я тоже скоро ухожу, в клуб. Там сегодня в восемь показывают хороший фильм. Не хочешь пойти?

Мы дошли до кухни. Он включил свет.

— Не очень, — ответила я.

— Так я и думал. Хочешь чего-нибудь?

— Я только что пообедала.

Как бы я хотела быть здесь только ради Рози. Было бы намного проще. Мы с Маттиа спокойно посмотрели бы телевизор или поговорили бы о моем беге, о его учебе, как ему живется в съемной комнате.

Но как бы я себя ни уговаривала, сердце билось как сумасшедшее. И не из-за Рози.

Его губы. Казалось, он сам — это только его рот. Думай о другом, Нор. Я скользнула взглядом по его волосам. Как обычно, спадают на глаза. Не смотри ему в глаза! Маттиа убрал прядь за ухо. Какой же он все-таки лопоухий! Глаза проницательные, даже слишком. Нос. Даже его нос казался мне прекрасным.

Все эти мысли пронеслись за долю секунды.

— Что с тобой, Нор? Ты так странно смотришь.

Продолжай задавать ему вопросы. Пока не придет Рози. Он сказал, уже скоро. Но я и правда ужасно хочу задать ему кучу вопросов. Столько всего. Счастлив ли он. Думает ли иногда обо мне. И если да, что он при этом чувствует.

— Много учишься?

— Ну да, — ответил он. — Но я справляюсь.

— Тебе нравится в Левене?

— Хм. Нормально. Приезжай как-нибудь в гости.

— Маттиа?

— А?

— Как дела у Рози?

— Думаю, она наконец поняла, что дальше так нельзя. Говорит, что больше не ворует, и мне хочется в это верить. А вот и она.

Задняя дверь открылась, и Рози вошла в кухню.

— А, привет, Нор! — Она улыбнулась. Совсем по-другому, чем на прошлой неделе. Так радостно. — Ты ко мне пришла или к моему брату?

— К тебе, — быстро ответила я.

— Ужас просто, — изобразил разочарование Маттиа. — И ведь даже не соврет, чтобы сделать мне приятно.

Вот бы сейчас забраться под стол — никто бы не увидел, как я покраснела.

— Я думаю, и к тебе тоже, — поддразнила Рози.

Маттиа встал.

— Я в ванную, — сказал он. — Нор, если больше не увидимся, то до встречи.

По дороге в коридор он прошел мимо меня. Слегка коснулся меня и на секунду обернулся. Потом исчез.

Он мне так нравился. Я больше не могла это скрывать. Что теперь делать? Я не знала. Хотела уйти и не хотела уходить. Хотела остаться тут, пока он не вернется, сказать ему, что передумала и пойду с ним в клуб.

— Ну? — спросила Рози. — Когда ты ему все это расскажешь?

— Я просто так зашла.

Мы сидели в гостиной. На диване у телевизора, с бокалом лимонада и миской чипсов. Передача, которую мы смотрели, закончилась.

Рози развалилась на диване и положила руки на подлокотник. Спросила, как у меня дела. Но прежде чем я успела что-то сказать, ответила сама: конечно хорошо. У меня же всегда все хорошо.

Неужели мы больше никогда не сможем нормально поговорить? Чтобы можно было просто болтать глупости и громко смеяться?

Я хотела спросить про ее парня, но не решилась. Хотела ей рассказать, что буду бежать марафон, но тоже не смогла. И заговорила о другом:

— В этом году у тебя получится перейти в следующий класс?

— Надеюсь. Не могу же я в сотый раз учиться в четвертом классе средней школы.

— Я могу тебе чем-то помочь?

— Да! Знаешь, с физкультурой у меня хуже всего. Может, научишь меня бегать?

Она произнесла это с такой насмешкой, что я решила не отвечать.

— В следующем месяце мне надо будет пробежать стометровку за определенное время.

Это не шутка?

— Если хочешь, можем позаниматься вместе. Я составлю тебе график тренировок.

— График тренировок! Ты серьезно, Нор?

Значит, все-таки шутка.

Она хохотала во все горло. Потом остановилась так внезапно, что меня бросило в холод.

— На мне испробовали сотню разных графиков. График работы. График учебы. График сна. График, как мне ходить развлекаться. Как встречаться с Арнаутом. Думаешь, хоть раз сработало? А теперь ты со своим графиком тренировок. Как будто графики могут помочь, Нор. Ты же сама в это не веришь.

— Верю. Мне они отлично помогают. Я без них не могу.

— Ты с ума сошла.

— Как скажешь. Можешь опять посмеяться.

Молчание.

— Извини. Я не думала над тобой смеяться.

— Но звучало именно так.

— Иногда легче посмеяться.

— Легче, чем что?

Молчание. Потом:

— Ты прекрасно понимаешь, о чем я.

Куда подевались все те слова, которыми можно заполнить тишину?

— Мне уже не смешно. Слишком все запуталось.

Мне захотелось спросить: так тебе тоже это знакомо? И что нам с этим делать? Как это изменить?

— Ладно, Нор, не смотри на меня так. И не беспокойся.

— Если хочешь, можем вместе потренироваться на стометровку. Это совсем не сложно.

— Не так это и важно.

Нас разделяет сто километров. Мне до нее не достучаться.

Тут вошли ее родители. Рози сразу же сказала, что идет к себе в комнату, ей пора собираться и уходить. Я поняла намек.

— Я тоже пойду.

— Уже? — удивилась ее мама.

— У меня куча дел, — ответила я. — Не надо, не провожайте меня, я сама.

— Не споткнись о мои горшки, — крикнула она мне вслед.

Я без происшествий добралась до входной двери. Я не могу ей помочь. Что бы я ни предлагала, все равно не получится. Может, пора привыкнуть к этой мысли.

Я поднялась в свою комнату. Оно лежало на месте. Под одеялом, завернутое в платок. Я взяла его в руки. Такое легкое. И как будто стало гораздо меньше, чем раньше. Тогда оно казалось на моем пальце таким большим.

Черный камень. Серебряное кольцо. Я надела его. В животе у меня все перевернулось.

Когда-то Рози отдала всё, чтобы оно опять вернулось ко мне. А я этого не поняла.

— Вот как, — сказала мама, когда впервые после долгого перерыва увидела кольцо у меня на пальце. И больше ничего. Я рассказала ей, как давным-давно Рози подарила мне его еще раз.

Она улыбнулась мне.

— Вот как, — повторила она. — Вот оно как.

Я покраснела, пока рассказывала. Руки вспотели, но кольцо так и осталось черным. Может, на всю жизнь его силы не хватает.

Я стала его носить.

Вместе с кольцом вернулась Линда.

В церкви было зябко. Хорошо, что я была в куртке. Мне купили новую куртку и новые ботинки. И то и другое — темно-синего цвета. Черное — это уже чересчур, сказала мама, и папа с ней согласился. Но сами они были в черном.

— Гроб коричневый, — прошептала мама папе через мою голову. — Белый был бы намного лучше.

Я увидела, что папа кивает.

— Ребенку лучше белый гроб.

Мы сидели все рядом, мы и семья Рози. Я слышала, как моя мама говорит маме Рози «коричневый гроб» и «нельзя».

— Цветы красивые, — прошептала мама Рози. — Хорошо, что хотя бы цветы белые.

Я хотела, чтобы они оставили в покое гробы, цветы и цвета. Неважно, белый гроб или коричневый, усыпан цветами или просто травой, — все равно она из него не встанет.

Мама уверяла меня, что Линда уже на небе. Ведь ничего плохого за свою жизнь она не сделала, во всяком случае, перед самой смертью. Она просто играла, а играть — это не грех.

С моего места гроб было не очень хорошо видно. Передо мной торчала чья-то голова с высокой прической. Я хотела поменяться местами с папой, тогда я бы сидела с краю. Но папа считал, что с краю должен сидеть он.

Так что я видела гроб только иногда, когда появлялись просветы между сидящими впереди. В какой-то момент мама толкнула меня в бок, наклонилась прямо ко мне, чтобы что-то сказать. У нее изо рта пахло кофе, а помада, которой она накрасилась, попала ей на зубы. Я задумалась, зачем она накрасила губы, сегодня же не праздник.

Мама прошипела мне, чтобы я сидела тихо.

— Мне ничего не видно, — сказала я.

— И не надо тебе ничего видеть, — ответила мама. — Молись лучше за Линду, это важнее.

Зачем молиться за Линду, раз она уже на небе?

Мама сунула мне в руку денег.

— Это чтобы положить на блюдо. Сейчас пойдешь вместе с нами вперед, иди за папой и делай то же самое, что он.

Сначала вперед вышли родители и сестры Линды и что-то там делали. Все смотрели в пол, как будто все время боялись споткнуться. Дедушки, и бабушки, и остальные родственники тоже — все смотрели вниз.

Папа встал. Люди во втором боковом нефе тоже встали. Все медленно, двумя колоннами, потянулись вперед. Рядом со мной шла мама нашего одноклассника. Я взглянула вверх и увидела, как по ее щекам и покрасневшему носу текут слезы. Очень некрасиво. Ну пусть у нее нет носового платка, но вытереть слезы можно ведь и рукой?

За ней шел сам одноклассник, тоже с опухшими от слез глазами. Выглядело это ужасно. Может, потому все и идут, опустив голову, чтобы не видно было заплаканных глаз и красных носов? А когда плачешь, все расплывается перед глазами, и людям ничего не остается, как смотреть вниз. А то еще споткнутся на ровном месте и упадут. А падать в церкви не полагается.

Я нервничала. Хотела сделать все правильно. Люди в соседней колонне двигались быстрее, чем в нашей. Теперь рядом со мной шел мужчина. Я услышала, как кто-то шепчет: «Как же им не стыдно». Я не знала, что они имеют в виду, но заметила, что мой папа обернулся, сильно покраснев, наклонился ко мне и улыбнулся. Он улыбался так, как часто улыбался в последние несколько дней, — кривил рот, хотя ничего смешного и не было. И при этом гладил меня по голове. Я надеялась, что хотя бы тут, в церкви, он не станет меня гладить, потому что после этого он всегда тер рукой глаза, и мне не хотелось, чтобы у него, как у многих здесь присутствующих, тоже были опухшие глаза и красный нос.

Я увидела, что перед гробом люди встают на колени. Они крестились, а потом подходили к одному из священников, державших блюдо. Я слышала, как звенят монеты, и видела, что всем дают какую-то карточку. Я почувствовала облегчение, потому что все оказалось очень просто. Деньги я крепко держала в руке, не хотела потерять.

В первом ряду с краю сидел папа Линды. Он сидел, сложив руки на груди, и смотрел в пол. На его плечах была перхоть. Мама Линды прижимала ко рту платок. Глаза у нее были закрыты. Я посмотрела на сестер. Они все втроем смотрели в пол, как будто они тройняшки, всегда и во всем согласные между собой, и особенно в отношении того, как издеваться над Линдой. Может, если бы они так над ней не издевались, она была бы сейчас жива, подумала я вдруг. Может, тогда ей не нужны были бы мы с Рози, чтобы играть.

И тут я увидела его. Кольцо настроения. Оно было на пальце у младшей, самой противной.

Я стала дышать совсем неглубоко, чтобы меня не стошнило. Почувствовала тычок в спину и очнулась от своих мыслей. Мне уже давно было пора вставать на колени, и я увидела, что священник с блюдом ласково мне кивает. Я встала на колени пред гробом. Потом поднялась. Проходя мимо сестер, смотрела-смотрела-смотрела на руку младшей сестры, но кольцо не исчезало.

— Лицемерная дура, — прошипела она мне.

Я быстро прошла мимо, вовремя успела положить деньги на блюдо и получила карточку. Приказала себе смотреть вниз.

Папа уже сидел на месте. Он читал карточку, опустив голову. Я посматривала на него украдкой и видела, как время от времени он проводит рукой по лицу.

Мама села рядом со мной. Она плакала. Кажется, теперь все плакали. Я прикусила губу и стала смотреть прямо перед собой. Линда сейчас на небе. Там она намного счастливее, это точно.

Рози медленно двигалась в своей колонне и чуть не споткнулась о мои ноги. Ее взгляд был направлен на карточку, которую она держала в руках. Она не посмотрела на меня. Но хоть не плакала, и то хорошо.

За ней шел Маттиа. На нем был черный костюм, как и на наших отцах. Но смотрела я на него не из-за костюма. Костюм я уже видела, только что. И что у него что-то с волосами, тоже успела заметить. И вдруг я поняла. Исчезли его кудри. И я сразу сделала открытие: у него уши торчат. Я продолжала смотреть, пока он не сел на свое место. Почти слышала свои мысли вслух, что он мне нравится и такой.

Тут меня сильно толкнули в бок.

— Хватит так таращиться, — прошептала мама. — И закрой рот, это некрасиво.

Я чувствовала на себе взгляд мамы и одновременно взгляды всех людей в церкви. Я залилась краской и почувствовала, что начинаю потеть. Так что я опустила голову и стала рассматривать карточку в своих руках.

На ней была фотография Линды. Черно-белая фотография, только лицо. На ней было не видно, что Линда толстая. «Скорбим по нашей дочери и милой сестре», — было написано под фотографией. И ниже текст, полный лжи, что она всегда была и останется их любимицей.

Зачем они написали это о Линде? Все-таки любили ее? Почему же Линда об этом не знала?

Я вспомнила о кольце настроения, которое сейчас носила ее сестра. Это был мой подарок Линде, а на руке этой противной гадины ему было не место.

Все встали. Вдруг вся церковь запахла ладаном. Я глубоко втянула в себя воздух, потому что любила этот запах. Он напоминал мне запах сирени, которую мама каждую весну приносила в дом. Этот запах проникал в одежду, в нос и в легкие, и поэтому от него начинало слегка мутить, и одновременно хотелось, чтобы он не выветривался никогда.

Можно ли хотеть чего-то так сильно, что от этого начинает мутить?

— Меня тошнит, — сказала я маме.

— Не сейчас, Нор.

— Честно, — сказала я.

Судя по всему, папа тоже меня услышал, потому что он схватил меня за руку и встал.

— Пойдем, — коротко сказал он. И еще: — Только не вздумай.

Мы шли по центральному проходу к выходу из церкви. В портале толпились люди.

— Отойдите, — сказал папа, ни к кому не обращаясь, и добавил: — Пожалуйста.

Толпа медленно расступилась.

— Терпи, — сказал мне папа. И еще раз: — Не вздумай.

Я зажала свободной рукой рот и плотно сомкнула губы. Другую руку стиснул папа. Во рту везде было кисло. Я чувствовала, как слюни становятся рвотой, как желудок короткими толчками прижимается к легким. Я хотела сказать папе, что больше не могу, но знала, что рот открывать нельзя. Слезы текли по щекам. И тут я увидела свет. Мы вышли на улицу. С обеих сторон церковных ворот тоже стояли люди. Казалось, тут собралась вся деревня. Папа бегом тянул меня за собой, мимо людей, через улицу, на ту сторону, где луг.

— Давай, — услышала я папины слова, но я их уже не дождалась.

Все закончилось довольно быстро. Когда вроде бы все уже вышло, лучше мне не стало.

— Ну как, ничего? — ласково спросил папа.

Я только кивнула.

— Ты молодец, — сказал папа. — Я тобой горжусь.

Он взял большой белый платок, сначала вытер мне глаза, а потом рот. Он вытирал медленно и основательно, не забыл уголки рта и подбородок.

— Хочешь мятную конфетку? — спросил он. — Во рту будет не так противно.

Я опять кивнула.

Себе он тоже взял конфетку.

— Все уже выходят из церкви, — сказал он.

— Мы пойдем домой? — спросила я.

— Нельзя оставлять маму одну.

Он взял меня за руку. Мы перешли улицу, подошли к толпе людей у церкви и остановились в первых рядах. У нас больше прав на Линду, подумала я. Нам не нужно толкаться сзади.

— Давайте не пойдем на кладбище, — сказал папа маме, когда мы опять были втроем.

— Да, — сказала мама. — Давайте не пойдем. Тебе уже лучше, Нор?

Я кивнула еще раз.

Машину папа оставил дома.

— Нам будет полезно прогуляться до дому, — сказал он тогда. Так что теперь мы так и шли: мама со стороны домов, папа со стороны дороги, а я посередине, держа их за руки.

— У тебя еще остались те мятные конфетки?

— От них лучше, да? — спросил папа.

— От них лучше, — ответила я.

5 195

У следующего пункта питания я на полсекунды задерживаюсь. Кто-то говорит:

— Уже тридцать семь километров.

Как будто я сама не знаю. Какая-то женщина говорит:

— Держи стакан, тебе надо попить.

Не останавливаясь, я делаю глоток, остальное выливаю себе на голову. Она бежит теперь рядом со мной. Я чувствую воду у себя на лице и шее, вода смешивается с потом и стекает по спине и груди вниз.

— Я устала, — говорю я.

Вот уж этого я точно не собиралась говорить, но говорю. Готова стукнуть себя за это.

Та женщина так и бежит рядом.

— Давай, — тихо говорит она. — У тебя получится.

Я киваю.

Началось. Самый тяжелый отрезок марафона. Я с самого начала знала, что когда-то он наступит. Я хорошо изучила свою гору. Графиками ее не покорить, теперь это ясно. Единственное, что остается, — подняться на нее.

Мне говорили, что ближе к концу я почувствую себя опустошенной. Это не так. То, что у меня внутри, — не пустота. Мозг работает на всю катушку, мысли клубятся. Тело не хочет двигаться вперед, но голова говорит: надо. Если я остановлюсь, то и в следующий раз могу остановиться. Хотя, конечно, сейчас, в этот момент, ни один волос на моей голове не верит, что я еще когда-нибудь побегу марафон.

И тут я вижу ее. Первая бегунья, которую я встречаю. Она передо мной, пока еще вдалеке, но расстояние все уменьшается. Наверное, она быстро стартовала. Слишком быстро? Еще два метра, и я с ней поравняюсь. Она сначала пугается, а потом улыбается. Поднимает вверх большой палец. Она старше меня лет на десять, не меньше, и выглядит очень усталой.

— Больше не могу, — вздыхает она.

— Не сдавайся, — тяжело дыша, говорю я.

Я остаюсь рядом с ней. Она знаками показывает мне бежать вперед. Я мотаю головой. Мне не надо побеждать, и я все равно не могу бежать быстрее.

— Беги, — выговаривает она. — Покажи им, на что мы способны.

— Ты тоже, — выговариваю я в ответ. — Не сдавайся.

Она кивает.

Я не понимаю, откуда берутся эти слова. Потому что дыхания нет даже на то, чтобы бежать, какие там разговоры. Я поднимаю руку вверх и обгоняю ее.

Я засаживаю в большой палец ноготь указательного, он так глубоко впивается в кожу, что проступает кровь. Еще пять километров. Фокус с ногтем помогает. Боль в колене и в бедрах ослабевает, она поднимается к большому пальцу. С такой болью я справлюсь. Осталось меньше пяти километров.

Рози подарили собачку. Маленькое незатейливое существо, с которым надо было гулять — в любую погоду. Возвращаясь со своих кругов, я часто встречала их, Рози и Джонни, так его назвали.

— Мой парень подарил, — объяснила она в первый раз, когда мы встретились. — Ханс. Чтобы я не скучала одна, пока его нет.

Мне казалось, что между человеком и собакой большая разница, да и Джонни был скорее похож на курицу-бентамку, чем на собаку. Но Рози выглядела довольной.

Я часто прогуливалась вместе с ними. Тогда Рози болтала без умолку. О Хансе. Джонни. Иногда о Маттиа. Однажды она сказала, что не понимает, почему я не могу к нему зайти.

— Просто я его больше не вижу, — ответила я.

— Он такой трус. Такой нерешительный. Совсем не такой смелый, как кажется.

С чего она взяла? У него куча дел в Левене. Много новых людей, новые друзья. Он даже не каждые выходные приезжает домой. Может, у него есть девушка. Все может быть.

— Так быстро в другого человека не влюбишься, — сказала Рози.

Я рассмеялась и толкнула ее.

— Да? — спросила я. — А ты-то как умудрилась? Сколько раз ты уже...

— Что ты, Нор. Я только один раз была влюблена по-настоящему. В Арнаута.

— А как же все остальные, Рози? Только ради забавы?

— Ой, да. Еще в Ханса, конечно. Но это всё. Остальные — ерунда. Для развлечения. Но ведь у вас с Маттиа все серьезнее?

Разве? Все уже закончилось.

Потом мы больше не говорили о Маттиа. Говорить о Джонни было куда безопаснее.

Раньше было по-другому. А теперь мы обе как будто были из фарфора.

Но однажды она его заметила.

Мы вместе шли вдоль дороги, Джонни бежал по траве справа от нас. Мы не разговаривали, просто шли. Вдруг она остановилась.

— Нор, — сказала она. — Ты его носишь.

Я сразу поняла, что она говорит о кольце.

— Да, — ответила я. — Я его каждый день ношу.

Она покраснела.

— Тебе приятно его носить?

Знала бы ты, Рози. Кошмары. Дыхание, которое вдруг сбивается в самый неожиданный момент.

— Но оно всегда черное, — вздохнула я.

— Может, тебе стоит как следует влюбиться, — сказала она. Посмотрела на меня дразнящим взглядом. — Не бойся, имен называть не буду.

И мы пошли дальше, как будто ничего не случилось.

В дверь позвонили. Стояла весна, светило солнце. В венке из солнечного света в проеме двери стояла Рози.

— Проходи, — в изумлении сказала я.

— Ну вот, — произнесла она, наполняя всю комнату солнечным светом, своими длинными ногами и почти такими же длинными волосами. — Вот я и пришла.

Я ей улыбнулась.

— Я к тебе за графиком тренировок, — улыбнулась она в ответ. — Для бега в школе, помнишь? Ты меня уговорила.

Я радостно кивнула. Я-то как раз ничего не делала, чтобы ее уговорить. Но, может быть, мой бег так заразительно на нее подействовал. Я без труда смогу ей помочь.

Она плюхнулась на диван, и я сразу подсела к ней.

— Когда начнем заниматься? — спросила я.

— Нор, я пошутила. До чего же ты легко попалась, просто не верится. Я слишком ленивая, чтобы бегать.

Сперва я разозлилась. Ведь она говорила с таким воодушевлением. А потом пожала плечами. Все равно мне ее теперь до конца не понять. И может, понимать ее наполовину — это уже много.

— Ого, как ты расстроилась.

— А ты как думала? Ты же говорила, как будто всерьез.

— Извини, Нор. Если я вдруг начну заниматься, то приду к тебе, хорошо?

Я покачала головой.

— Рози, бегать тебе не обязательно.

Тебе достаточно просто быть Рози.

— Я к тебе не за этим пришла. Я пришла сказать кое-что важное.

Она протянула мне конверт. Это было приглашение на свадьбу. Ее свадьбу. Розанна Цуккато и Ханс Вандёрзен.

Я удивленно посмотрела на нее.

— Будешь свидетельницей у меня на свадьбе?

— Но... — начала я.

— Я тебе все объясню. Понимаешь, Хансу двадцать три года. Он работает в банке. Он очень правильный. Так что не смотри так, даже моим родителям он нравится.

Говоря, она размахивала руками и все время убирала волосы назад.

— Но как ты можешь быть уверена...

— Что он тот самый? Просто чувствую. Во всяком случае, дома все довольны. Они дали согласие, а это не шутка. Они рады за меня.

— Честно, Рози?

Она резким движением встала.

— Я думала, ты другая. — Она вырвала конверт из моих рук. — Мы женимся через месяц только потому, что тебе тогда уже исполнится восемнадцать. И ты сможешь быть свидетельницей в церкви. Но ты не лучше остальных.

— Рози...

— Все, больше не говори ничего. И не надо меня провожать.

Она уже стояла у двери.

— Давай, убегай, — крикнула я ей вслед. — Только это ты и делала все последние годы.

Она вернулась. Села и решительно положила ногу на ногу.

— Ну вот, — сказала она. — И посмей только сказать, что я убегаю.

Я чуть не рассмеялась. В ней все-таки осталось немного от прежней Рози.

— Скажи чего-нибудь, — сказала она. — Раньше ты была такая болтушка.

— Нет, это ты. Ты всю дорогу болтала, иногда слово было не вставить.

— Неправда. Это ты всегда говорила все, что думаешь.

Правда, так и было? Или просто воспоминания доплывают до нас как туман, а что не доплыло, теряется между «тогда» и «сейчас»?

— Кстати, — сказала она. — Об убегании. Ты тоже убегаешь.

— Неправда, — ответила я.

— А твои занятия бегом? Только не говори мне, что это совсем другое.

— Я просто люблю бегать.

Прозвучало так, как будто я этого стыжусь. Но это не так.

Повисло молчание.

— Побеждать любишь?

Я пожала плечами.

— Довольно приятно.

— Я ни в чем не побеждаю, — сказала она.

— Налить тебе чего-нибудь? — спросила я.

Она посмотрела на меня так, как будто я задала ну очень глупый вопрос. Я покраснела.

— Не надо, — ответила она. — Хотя нет, давай. У тебя есть кола? Спорим, что нет? Вряд ли бегунам можно пить колу.

И тут она улыбнулась такой широкой Розиной улыбкой, что я вся растаяла. Она встала и провела руками по волосам.

— Я, кстати, считаю, что ты молодец. Что бегаешь. Хотела бы я тоже так уметь. — Она вздохнула. — Ну, я пойду.

— Ты не можешь вот так сразу уйти. Сейчас я тебе налью чего-нибудь.

— Да нет, не надо. Зайду в другой раз.

Она поцеловала меня в щеку.

— Пока, Нор.

И прежде чем я успела что-нибудь сказать, ушла.

А кольцо осталось черным.

Мне снилась Линда. Говорят, в снах отражается то, что ты думал, перед тем как заснуть. Каждый вечер, когда я снимала кольцо, Линда заново проскальзывала в мое тело. Она хватала меня за волосы и говорила, чтобы я не забывала ее. Она всегда была навязчивой. Но ее смерти я не хотела. Я не плохая.

И с Линдой в моем теле я соскальзывала в сон. Туда, где она жила привольно. Иногда она бывала еще толще, чем раньше. Иногда — самая красивая. Иногда во сне она хотела меня поцеловать. И однажды поцеловала. Это было так противно, что я проснулась, и мне понадобилось десять минут, чтобы восстановить дыхание. Иногда она вдруг так вырастала, что могла перешагнуть через наш дом. И тогда ее голос разносился, как гром. И этим своим голосом она кричала, что я самая любимая и пусть весь мир об этом знает. Это были самые лучшие сны.

Я спросила у его мамы, когда он в следующий раз приедет домой.

— В эти выходные, — ответила она. — Скорее всего.

В пятницу вечером я услышала, как он приезжает. Я сразу же вышла на улицу.

— Она выходит замуж, — сказала я.

— Я знаю.

— Но как же быть? Ей ведь еще нельзя выходить замуж?

— Если она вбила себе что-то в голову, так все и будет. Ты же ее знаешь. В этом смысле она ни капельки не изменилась.

— А ты как к этому относишься?

— Конечно, я считаю, что рано. Но неважно, как я к этому отношусь. Может, я ошибаюсь.

— Но...

Он сел на тротуар перед нашим домом.

— Ей надо жить своей жизнью, Нор. Мы не можем жить за нее. Я наконец это осознал. Кто знает, может, она права и ей уже пора замуж.

Я опустилась на землю рядом с ним.

— Я побегу марафон.

Он промолчал, но посмотрел на меня так удивленно, что я рассмеялась.

— Ты не шутишь?

— Все против.

— Тебе, конечно, тоже рано.

— Да, так говорят.

— А сама ты как думаешь?

— Что пора, конечно.

— И ты не мужчина.

— Ты тоже начинаешь, да?

— Но ты сильная. У тебя точно получится.

Этих слов я не ожидала. Я не смогла придумать, что ответить, и опять покраснела. А вообще, когда я наконец перестану краснеть после каждых трех фраз в разговоре с Маттиа?

— Уже начала тренироваться?

— Потихоньку. Весной займусь по-настоящему.

— Когда тебе уже будет восемнадцать. Тебя, конечно, Тони готовит?

— Ему не разрешают. В клубе считают, что это безответственно.

Молчание.

Спросить?

— Ты не хочешь...

— Что?

— Говорят, хорошо, если кто-то на велосипеде едет впереди или рядом. Когда тренируешься бегать большие дистанции. Я читала. И не так скучно. Если хочешь. На выходных, когда у тебя будет время.

— Я буду ехать, а ты — бежать? Главное, не дать тебе меня обогнать, — улыбнулся он.

— Если не хочешь, не надо. Я просто подумала, вдруг...

— Ладно, Нор. Только свистни.

Он наклонился ко мне, прижался губами к моим губам. На две секунды. Потом ушел. А я осталась, в изумлении от того, что тротуар не вспыхнул огнем от жара в моем теле.

2 195

Еще чуть-чуть. Не верится. Почти финиш. Кажется, осталась какая-то ерунда. Камнем можно докинуть. Вот только не знаю, дойду ли я.

Я бегу одна. Но везде люди. Иногда — в опасной близости от меня.

Стаканчик воды. Даже пинта пива. Я ничего не беру. Не только потому, что запрещено. Я просто уже не могу поднять руки. Кажется, они весят по сто килограмм. Все тело деревянное. Как будто все закрыто на замок. Сердце бьется как одержимое. Как бы не взорвалось.

А так бывает. Что сердце вдруг не выдерживает. Бывали случаи, когда участники марафона умирали от сердечного приступа прямо на соревнованиях. Со мной такое тоже может произойти.

И тогда они все-таки окажутся правы. Что это не женский спорт. И что мне было еще рано. Все, кто бежит марафон, безответственно относятся к своему организму. Специалисты утверждают, что мой организм еще растет, так что я безответственна вдвойне.

Я не понимаю. Как до сих пор бегу. Как ноги до сих пор не остановились, не сдались, как руки еще не отвалились от тела и голова до сих пор держится на плечах.

Вдруг я вижу папу. В десяти метрах от меня. На нем — его непромокаемая кепка. Он машет, выходит из толпы вперед и кричит что-то, чего я не могу разобрать. Он улыбается, и вот я уже пробежала мимо него.

Внешне я очень на него похожа. Те же серые глаза. Те же темные волосы. Тот же вздернутый нос. Интересно, он такой же упрямый, как я иногда? Что я вообще знаю о своем отце?

Другом его не назовешь. Друг много о тебе знает. А что знает обо мне папа, кроме того, что я люблю бегать?

Он ездил со мной на все соревнования. В любую погоду. Надо ему на работу, не надо. Ни на что не жалуясь. Мы никогда много не разговаривали. Ни в машине, ни на улице. Я вдруг понимаю, что это не было мне в тягость.

— Сегодня победишь? — спрашивал он каждый раз, когда мы выходили из машины.

— Увидим, — всегда отвечала я.

И он всегда говорил: «И правильно». Но можно ведь немножко помечтать, что сегодня победа достанется мне.

— Потому что, если бояться мечтать, часто ничего и не происходит. Человек не должен бояться мечтать, Нор, не должен бояться строить грандиозные планы. Пусть даже в душе он знает, что его мечты могут сбыться всего лишь на одну десятую часть. Или на сотую. Но зато это будет сотая часть только его мечты или десятая, если повезет. Это дорогого стоит, Нор.

У меня вдруг опять появляются крылья, ненадолго. Может, я все-таки добегу.

В середине апреля мне будет восемнадцать лет. Не устроить ли нам вечеринку, спросила мама. Домашний праздник. Это был даже и не вопрос. Мама сказала, что мне не отвертеться, восемнадцать лет бывает раз в жизни.

— Кого хочешь позвать? — спросила мама потом.

— Не знаю, — ответила я.

— Ерунда, — сказала она. Она позовет Зои, и Тони, и Виктора, и Рози, и Маттиа. — А из школы кого-нибудь хочешь пригласить?

— Да нет, — ответила я.

И мама сказала, что все устроит.

Все они пришли ко мне на день рождения, все, кого пригласила мама. Такого праздника, какой был в десять лет, конечно, никогда больше не будет, но втайне я все равно радовалась подаркам и поздравлениям. Мама предложила всем, у кого есть пара, приходить вдвоем. Так что я наконец познакомлюсь с женихом Рози.

Первыми пришли Тони с женой, потом Зои с другом и Виктор со своей новой подругой.

Опять звонок в дверь.

— Заходи, — сказал папа. Рози меня обняла, сказала что-то типа «вот и ты теперь взрослая» и добавила, что с Хансом они расстались.

Я испугалась.

Ее широкая ухмылка производила очень неестественное впечатление.

— Мне с ним слишком скучно, Нор. Сама подумай, банковский служащий. Нет, не говори ничего, я должна была это предвидеть. А теперь с этими глупостями покончено, больше я никогда не буду влюбляться.

Звучало все это безрадостно, и я похолодела. Я не могу взять ее горе и запихнуть к себе в карман. Будь у меня хоть сотня рук, все равно бы не смогла.

Рози заглянула через мое плечо в комнату. Казалось, ее печаль прошла, но я-то знала, что она никуда не делась. Я по-прежнему умела читать в ее глазах.

— Рози, — начала я.

И тут я увидела его. Сердце на километр выпрыгнуло из груди. Я вдруг опять почувствовала радость.

— Вот ты где.

Он поцеловал меня в щеку и подарил букет темно-красных роз.

— Их тут восемнадцать, — сказал он.

— Какая красота, — залившись румянцем, сказала мама. Она взяла у меня цветы и отнесла их на кухню. Интересно, у кого сегодня день рождения и кому принесли эти розы? Она вернулась с вазой, в которую поставила цветы.

— Какой ты внимательный! — сказала она Маттиа. — У тебя хороший вкус, у него хороший вкус, Нор, — добавила она на одном дыхании.

Я вспомнила нарцисс и зеркало с моего дня рождения восемь лет назад.

— И всегда был хороший, — сказала я и почувствовала, что начинаю краснеть еще сильнее, чем мама. После чего Тео как-то очень уж громко пробурчал, что я по-настоящему влюблена в Маттиа, не иначе, и получил в бок от мамы, а папа как-то очень уж громко запел: «С днем рожденья тебя». Все сразу же стали подпевать, и я громче всех.

— Ты, значит, Рози, — обратилась к Рози Зои. — Я о тебе много слышала.

Интересно, от кого? Я ей никогда о Рози не рассказывала. Я посмотрела на маму, но она была слишком занята, полностью сосредоточившись на том, чтобы у всех была еда и напитки.

— Она будет бежать марафон, — продолжала Зои. — И дойдет до финиша, это точно.

И посмотрела на меня, залившись румянцем. Казалось, мы все по очереди краснеем. Хотя нет. Не все. Все, кроме Маттиа, Рози и Тони с их смуглой кожей. И Тео, до которого никогда ничего не доходит. И жены Тони, которая, по-видимому, просто пришла за компанию. И друга Зои и подруги Виктора, которые молча ели торт. И папы, который следил за тем, чтобы у всех были наполнены бокалы.

— Поможешь мне? — попросила я Рози. — С посудой, там, и вообще.

— С посудой? — удивилась мама. — У тебя же день рождения, не надо...

— Пусти, пожалуйста. — Я потянула Рози за руку и почти затащила ее на кухню. И закрыла дверь.

— Ну, — сказала я, — а ты-то как?

Она насмешливо улыбнулась и открыла рот, чтобы что-то сказать.

— Нет, Рози, не так. Как на самом деле?

— Я тебе уже все сказала. Я опять в поиске. Ищу очередного красавца. Типа того.

Губы напряжены. Глаза вдруг потемнели.

Знать ее — значит знать саму себя.

Раньше мы с ней были друг для друга целым миром. И чувствовали себя в безопасности.

Но однажды все закончилось.

Мы будем по-настоящему падать в обморок, сказала Линда. Будем терять сознание. Так, чтобы отключиться от внешнего мира. Она знает, что надо делать. Слышала от сестер, а они кое в чем разбираются. Если не поступает кислород, можно упасть в обморок. Сначала потемнеет в глазах. Потом как будто засыпаешь. А дальше просыпаешься, и все.

Это не страшно. От обморока не умрешь.

Или мы играем в ее игру, или она нас выдает. Но нам стало так интересно, что мы сразу забыли, что у нас нет выбора.

Тянули жребий на соломинках. Первой падать в обморок досталось мне.

Я встала на то самое место в лесу и посмотрела вверх в небо над головой. Оно было по-вечернему серым, вокруг — темные деревья. Я все смотрела в небо, а Линда встала у меня сзади. Она обхватила меня руками. Надавила на грудную клетку.

— Считай! — приказала она.

Я стала считать. Уже дошла до десяти, но так и не начала терять сознание.

— В первый раз всегда сложно, — услышала я шепот Линды. — Помогай мне, — сказала она. — Задержи дыхание!

Но так тоже не получилось. Нельзя задержать дыхание до обморока. Я точно знаю, я потом часто пробовала.

— Нажимай ниже, — сказала я. — Под ребрами.

Сейчас место было правильное. Я почувствовала, что она пережала мне дыхание. Чувство было неприятное, и мне вдруг совсем расхотелось падать в обморок. Лучше я притворюсь.

— Получилось! — услышала я взволнованный голос Линды. — Помоги мне, Рози, люди в обмороке очень тяжелые.

Нам еще предстоит в этом убедиться, когда очередь дойдет до нее самой, подумала я, пытаясь как можно более безжизненно опуститься в объятия Линды.

Я услышала ее вздох.

— Что будем делать? — спросила она у Рози.

— Это ты придумала, — ответила Рози. — Сама решай.

Трава щекотала мне нос, и я слегка пошевелила головой.

— Интересно, она по-настоящему потеряла сознание?

— Похоже на то, — ответила Рози. — Я ее люблю, — вздохнула она. — По-настоящему.

— Я тоже.

— Но ты — не так, как я.

— Откуда тебе знать, как я ее люблю? — проворчала Линда.

Я слышала, как Рози молчит вслух.

— Знаешь, что я люблю больше всего? — сказала она наконец. — Целоваться.

Я услышала, как Линда глубоко вздыхает.

— Я бы очень хотела узнать, как это. Целоваться. Только не знаю с кем.

Вдруг я почувствовала прикосновение ее рук на своем лице. Я почувствовала, как она убирает мне волосы за уши.

— А что, если поцеловать Нор? — спросила она потом. — Она, конечно, не мальчик, но ведь я только потренироваться.

Я сразу же поднялась. Чуть не рассмеялась от их ошалелого вида.

— Как-то ты быстро в себя пришла, — ворчливо заметила Линда.

— Где это я? — притворно удивилась я. Потрясла головой, как будто еще не проснулась. — Что произошло?

— Ты упала в обморок. — В голосе Линды звучало торжество.

— Страшно было? — спросила Рози.

Вообще не страшно, чуть не ляпнула я, но, наверное, так вряд ли сказал бы человек, только что очнувшийся от обморока.

— Совсем капельку.

Правильный ответ. Они обе с воодушевлением закивали.

— Мы ведь могли уйти, — сказала Рози, — и оставить тебя тут одну.

— Но вы же так не сделали.

— Может, и сделали. Это только мы знаем, — таинственно сказала Линда.

— Следующий, — сказала я. — А то скоро стемнеет, и придется расходиться по домам.

— Теперь я, — решительно сказала Линда. — И пусть это сделает Рози.

— Но я сильнее, — сказала я.

— Ну, если ей так уж надо, — сказала Рози.

Линда смотрела вверх и считала.

— Надавливай сильнее, — прошептала я Рози. — Давай, как можно сильнее!

Когда Линда досчитала до тридцати, Рози вздохнула и опустила руки.

— Извини, Линда. У меня не получается.

— Давай я попробую, — сказала я.

— Почти получилось. У меня уже голова кружится.

— Я честно больше не могу, — сказала Рози.

Линда пожала плечами.

— Ну ладно. Давай тогда ты, Нор.

Она опять стала смотреть вверх и медленно считать. Я со всей силы нажала ей на живот под ребрами. Почувствовала, как ее живот толкает мои руки, как будто ему вдруг стало не хватать места. Как будто пытаешься сдавить большой воздушный шарик, только это шарик из мяса.

Она чуть пошатнулась. Голос стал совсем слабым, и счет прекратился.

— Получилось, — взволнованно прошептала Рози.

Она была невероятно тяжелая. Я сделала шаг назад и споткнулась. Камень ли там был, которого раньше не было, корень ли, вдруг вздыбившийся из-под земли, или я просто споткнулась на месте? Почему позади меня не росло дерево, которое подхватило бы нас с Линдой? В лесу так много деревьев, нам хватило бы и одного.

Интересно, Рози и вправду не видела, что мне одной с Линдой не справиться? «Помоги», — хотела сказать я, но слова пришли слишком поздно. Я честно не хотела выпускать ее из рук, но это произошло. Ни на секунду у меня не было мысли, что сейчас мои руки нужны мне самой. Я просто отпустила ее, и все, а мысли пришли позже. Руки коснулись земли и приняли на себя мой вес. Было даже не больно.

Упала Линда.

Она камнем рухнула на землю. Из земли торчал корень, и она упала на него затылком. Послышался треск. Как будто сломалась ветка.

Будет шишка, подумала я. И серьезная ссора из-за того, что я ее не удержала. Я скажу, что она слишком толстая и поэтому сама виновата. И потом, это ее игра, она ее придумала, так что опять-таки сама виновата.

Я присела перед ней на колени и даже втайне была рада, что она до сих пор не очнулась. Может, она не вспомнит, что упала, а шишка появится только завтра. В следующий раз нам лучше ловить ее вдвоем. Она и вправду слишком тяжелая для одного.

Рози села рядом со мной.

— Какой жуткий звук, — сказала она. — Как будто у нее что-то треснуло в голове.

Я в ужасе посмотрела на нее.

— Думаешь?

— Да нет, — ответила она.

И тут это произошло. Глаза у Линды открылись, закрылись, открылись, закрылись, и было видно, как в глазницах вращаются глазные яблоки, белые, и черные, и красные, кожа затряслась и натянулась, рот растянулся тоже, как будто она очень рассердилась, так это выглядело, ужасно рассердилась, но мы ничего не делали, и нельзя так злиться, и пусть она прекратит немедленно, или мы больше никогда не будем с ней играть.

— Хватит! — визжала Рози. — Прекрати, Линда, прекрати!

Она стала трясти Линду, но это не помогло. Ноги Линды тряслись вместе с руками, но с другой частотой, а потом я увидела, что у нее изо рта что-то течет, вроде еда, но не еда, а может, все-таки еда, какая-то слизь, и я почувствовала запах мочи и поноса. А потом я услышала то, чего не забуду всю оставшуюся жизнь.

Она начала хрипеть. Это было похоже на храп, и в другой ситуации я бы сказала: «Молодец, Линда, но ты слегка перестаралась». И на это Линда бы ответила, что я всегда недовольна, а я бы сказала, что она все делает неплохо, но это уже немного чересчур.

Потом нам объяснят, что ей не было больно, но тогда в это было сложно поверить, потому что вот так все выглядело.

Потом она затихла и смотрела на нас открытыми глазами. Из ее правого уха вытекла тоненькая струйка крови.

Мне показалось вдруг, что мне слишком тесно в моем теле, что у меня скукожилась кожа и мне надо из нее выбраться, пока я в ней не задохнулась или не взорвалась. Я задрожала. Хотела что-то сказать, но не могла открыть рот.

— Линда, не притворяйся так, — плакала Рози. — Встань, пожалуйста, не дури!

Она толкала Линду в бок, тянула ее за руки. Топала ногами, потому что ничего не помогало. Линда не встанет, во всяком случае сейчас. Нам надо быстро идти за помощью, тогда, наверное, еще можно все исправить.

— Надо позвать кого-нибудь, — сказала я Рози.

По ее глазам я видела, что она точно так же боится, как и я. Если бы только можно было просто уйти и через часик вернуться обратно. Линда будет сидеть, прислонившись к дереву, с сердитым видом, из-за того что мы ее оставили, когда она еще не пришла в себя.

Рози кивнула. У нее так же сильно тряслись уголки губ, как и у меня.

— Хватит плакать, — сказала я.

— Ты тоже.

Я прижала руку к губам, чтобы остановить дрожь.

— Все плохо, Рози.

— Не бывает все плохо, — тихо сказала она. — Сходим за моим папой.

— Нельзя оставлять ее здесь одну.

Несколько секунд мы молчали.

— Я останусь, — наконец произнесла я. — Беги быстрее. Скажи, что это срочно.

— Я побегу быстро-быстро, — сказала Рози.

И убежала. Я смотрела ей вслед. Она неслась меж деревьев, бежала, как будто стала ветром. Еще никогда я так сильно не завидовала Рози.

Я опять опустилась на колени рядом с Линдой. Опять посмотрела на ее глаза. Можно быть без сознания с открытыми глазами? Наверное, да. Я помахала рукой у нее перед глазами, но она не моргнула. Она и вправду отключилась от внешнего мира. Надолго. Можно так упасть в обморок, чтобы казалось, что ты умер? Я еще никогда не видела мертвого человека, но Линда была сейчас до ужаса похожа на то, как я себе это представляла.

Я поискала платок, но не нашла. Тогда я сняла с себя рубашку и вытерла слизь вокруг ее рта и струйку крови, вытекшую у нее из уха. Вытирать слизь было проще, чем кровь. Я накрыла свою правую руку левой, чтобы успокоить дрожь, но мне не удалось, и я больше не пыталась. Рубашку я сложила так, чтобы слизь и кровь оказались внутри, и положила ее Линде на глаза, чтобы хоть ненадолго их не видеть.

У нее открылся рот.

Мне захотелось убежать.

Я не могу просто так убежать. Она наверняка осталась бы рядом со мной.

Вот сейчас она поднимется и сядет, сначала мы будем очень сильно смеяться, а потом я слегка рассержусь, потому что она нас очень сильно напугала. Пусть не думает, что это смешно.

— Ну давай, Линда, — прошептала я. — Милая, милая Линда. Вставай.

Да что же они там все, застряли, что ли!

Я тоже хотела бы побежать за помощью. Но это я ее уронила. Разве я виновата, что она такая тяжелая?

Пока что я занималась только верхней частью ее тела. А теперь мой взгляд упал на ее юбку, и я заметила, что она задралась. На ней были голубые трусы в желтый цветочек. Белых трусов Линда никогда не носила. А мы носили.

Я расправила ей юбку. Ноги у нее лежали очень странно, как будто уже не имели никакого отношения к телу. И вот она лежит, не двигаясь, с голыми толстыми ногами.

Я больше не заплачу. Я сильно прижала руки к глазам, чтобы они остались сухими. Почти получилось. Я посмотрела на свои руки. Не в силах понять, как они могут до сих пор так трястись. Сквозь пелену я увидела, что кольцо черное, чернее некуда. Это какая-то ошибка, потому что мне было очень-очень страшно, а если к твоим чувствам прибавляется «очень-очень», кольцо должно поменять цвет. До этого дня так было уже много месяцев.

Может, это какой-то знак? Наказание, например. Может, мне кажется, что я что-то чувствую, но это не так? Может, я больше никогда ничего не буду чувствовать. В наказание.

Ну, если так, то кольцо мне больше не нужно.

Может, подарить его Линде?

Я надела кольцо ей на палец. Взяла ее руку и стала ее растирать. Вдруг поможет. Лазарю ведь помогло. Вот только я не Иисус.

Врач установил смерть. У нее сломался шейный позвонок и задел сонную артерию. Вокруг Линды натянули красную ленту. «Многие лета» — вспомнилась мне песенка, и тут я заплакала.

Мама плакала без перерыва. Папа не плакал, но был белый как полотно. И Линда была такая же белая, даже в темноте было видно.

Полицейские отвели нас в участок. Моим родителям разрешили пойти вместе с нами. Я всегда хотела посидеть в полицейской машине. Только не в тот вечер. В участке мы повторили свой рассказ.

— Это просто была игра, — сказали они, — следов насилия нет.

Значит, мы не сделали ничего плохого. Можно было идти домой.

Рози так и стояла передо мной. Я села на кухонный стол. Она молчала, раскачиваясь из стороны в сторону. Я набрала воздуха, чтобы что-то сказать.

— Да ладно тебе, Нор. — Она подошла ко мне и облокотилась о стол. Подняла голову и посмотрела на меня. Глазами той Рози, которую я так хорошо знала. Рози с блестящими глазами, с которой я придумывала увлекательнейшие игры. Рози, которая и после случая с Линдой ездила со мной в школу на велосипеде, болтая без умолку, но глаза ее, казалось, всё темнели с каждым днем, потому что у школьных ворот нас опять поджидали. Рози, которая заталкивала меня в класс и обещала, что все будет хорошо.

— Ты до сих пор его носишь, — сказала она потом.

— Но оно больше не меняет цвет. Чего бы ни случилось, оно больше ни разу не стало ни голубым, ни сине-зеленым.

— Ничто не вечно. Уж я-то знаю. Знаешь, что Арнаут мне сказал? Что он вообще-то хотел остаться со мной, но на самом деле это я сама хотела, чтобы он ушел. Что за бред, Нор. Если любишь человека, его ведь от себя не отталкиваешь?

Я подумала о Маттиа.

— Нет, так бывает.

— Я этого не понимаю. Честно, не понимаю. — В ее словах звучало отчаяние. — Почему так происходит?

— Не знаю. Любить может быть очень тяжело.

— А раньше мне так нравилось...

— А мне разве нет? Сначала умерла Линда. А потом мы с тобой поссорились. В первые несколько лет я так по тебе скучала. Я думала, умру от горя.

— Я тоже, — сказала она. — У меня до сих пор так бывает. Что я чуть не умираю от горя. И я даже не знаю почему. Боюсь даже думать об этом.

— Может, до конца это никогда не пройдет, — тихо сказала я.

Мы одновременно вздохнули.

— Ну мы с тобой даем, сидим тут одни. Вместо того чтобы веселиться. У тебя же день рождения.

Она обняла меня за плечи и близко-близко притянула меня к себе. А потом сказала:

— Я тебе завидую.

Я все верно расслышала.

Я почувствовала, как мой язык тяжелеет, становится большим неподвижным камнем. На несколько минут можно забыть о разговорах, это уже проверено. Но сейчас все было по-другому. Сейчас можно было не говорить. Все и так хорошо.

— Пойдем, — позвала она. — Нас уже все потеряли.

Мы вошли в гостиную.

Через три часа у всех были красные лица. Было далеко за полночь, и такого шумного дня рождения у меня не было еще никогда.

Первым собрался уходить Тони.

— Пойду-ка я домой, — сказал он и спросил у жены, идет ли она с ним. — Только, чур, ты ведешь, — добавил он.

— Я не умею водить машину, — ответила она. — Ты же знаешь.

— Тогда придется идти пешком.

— Я вас отвезу, — предложил Маттиа. — Я не пил.

— Молодец, пацан. — Это опять Тони. — Так и надо, Нор. Не давай ему спуску.

Я посмотрела на него в ярости. Он рассмеялся и хлопнул меня по спине.

— Больно, — накуксилась я.

— Не прикидывайся. Кто в силах справиться с собакой, вполне может выдержать хлопок по спине.

Я только кивнула и стала подталкивать его к выходу. Он три раза поцеловал меня, прежде чем сесть в машину рядом с Маттиа.

— Садись пока на заднее сиденье, дорогая, мне еще надо попрощаться с этой красоткой.

— Тони, иди поспи, — сказала я ему.

— Я совсем чуть-чуть выпил, — вздохнул он.

Он обнял меня так крепко, как будто мы прощаемся навсегда.

— Это будет твой год, — сказал он мне.

— Да, да, — ответила я.

— Ты отличная девчонка. Мир еще узнает о тебе.

— Давай уже, Тони.

— И ни о чем не беспокойся, — продолжал он.

Он сел в машину.

— Я скоро вернусь, — пообещал мне Маттиа.

Я кивнула.

— Я устала, — сказала Рози, когда Маттиа отъезжал от дома. — Пойду домой. Завтра увидимся, хорошо?

Поцелуй в щеку, и она ушла.

— Посуду завтра помоем, — сказала мама. Странно. Мама никогда не ложилась спать, пока на кухне не наведен безупречный порядок. — Петер, пойдем уже наверх. Свет потом выключи, Нор. Когда пойдешь спать.

Они оба поцеловали меня на ночь и поднялись наверх.

Я осталась в гостиной одна. Я не могла лечь спать, потому что Маттиа обещал вернуться. Вдруг я поняла, почему мама решила не убираться на кухне. И почему Рози вдруг устала.

1 195

Пошел последний километр.

Кажется, совсем недавно, только что, боль переходила от колена к селезенке, а потом — к икре левой ноги. И вот уже все по-другому. Больше не получается отвлечься, загнав ноготь глубоко под кожу, до крови. С какого-то момента уже ничего не получается. Дышать — все, что я могу. Дышать и бежать. Остальное не важно. Я знаю, что перестать дышать невозможно. И все равно боюсь, что это произойдет. Может произойти все что угодно, если тело откажется сотрудничать.

Последний километр. Я всегда думала: когда я уже пробегу так много, дальше все пойдет само собой. Я просто соберу волю в кулак и добегу. Но так не получается. Меня не окрыляет мысль, что я уже так близко. Я вдруг вспоминаю истории о тех спортсменах на марафоне, кто сдался за несколько сотен метров до финиша. И только сейчас понимаю, что это возможно. Что-то в тебе отказывает и постепенно отравляет все остальное. И в итоге ты вырубаешься.

— Ты добежишь, Нор! — кричит человек, чей голос я узнаю из тысячи. Могу даже попасть в «Книгу рекордов Гиннеса». Узнайте голос Маттиа из миллиона других голосов.

Он по нескольку часов ездил рядом со мной на велосипеде. И каждый раз я думала, что люблю его еще больше. Хоть мы и молчали. Я бежала, он ехал. Иногда светило солнце, иногда шел дождь. Был он, и была я, и этого было достаточно.

Кидаю взгляд в сторону. Вдоль дороги стоит толпа людей, все радостно кричат и машут флажками. Как будто мы все победили.

Я хотела спасти Линду. Честно.

Наверное, не все человеку под силу. Принять это труднее всего.

Могут ли люди спасать друг друга? Наверное, мы только можем этого хотеть. Спасать. И чтобы спасали нас.

Наверное, можно спасти даже самого себя.

Если чего-то хочешь так сильно, что готов все за это отдать, все до последнего, разве может это не получиться? Разве не будет каждое усилие отдельной победой? Сегодня я добегу. Не могу иначе.

Наверное, жизнь и есть не что иное, как преодоление.

— Все уже спят?

Я кивнула.

— Значит, мы тут совсем одни?

Мы так и стояли у двери.

— Заходи, — сказала я. — Что на пороге стоять?

— Я хочу тебя поцеловать, — сказал он.

Я не ответила.

— Что ты так смотришь? Это так неожиданно?

У меня в животе все перевернулось, как будто от сильного порыва ветра.

— Нет, — ответила я.

Он улыбнулся. Они у него зелено-карие, подумала я. Его глаза. А дальше еще другие цвета. Останутся ли его глаза зелено-карими и разноцветными, когда влюбленность пройдет? Настоящее ли все то, что я чувствую, и сколько это продлится? А вдруг он потом передумает?

Я прислонилась к косяку двери. Посмотрела на него. Как близко теперь его лицо, я вижу его поры, его пробивающуюся щетину, ее еще совсем чуть-чуть, но я вижу.

Я посмотрела на его рот. Эти губы я уже несколько раз целовала. Я уже знаю их вкус.

Запах его кожи мне уже тоже был знаком.

Я чувствовала, как вместе с дыханием у меня поднимается грудь, все чаще и чаще, и все мое тело подчиняется этому дыханию.

Его губы разомкнулись. Он провел пальцем по моему лицу, у глаз, под глазами, вдоль крыльев носа к губам, по губам. Я поцеловала его палец. Закрыла глаза.

Я обняла его, и он обнял меня. Так мы стояли несколько минут, вроде бы без поцелуя, но на самом деле целуясь.

Потом я взяла его за руку. Закрыла входную дверь. Не выпускала руку. Он пошел за мной к дивану, чуть не споткнулся о ковер. Я поддержала его. У дивана мы остановились. Я осторожно обхватила ладонями его лицо и встала на цыпочки, но он уже сам наклонился ко мне. И все остававшееся между нами пространство исчезло.

Мы поцеловались. Мои губы сами разомкнулись. Я чуть не улыбнулась. Как все просто.

Как человек может так сильно любить другого человека.

595

Я ужасно хочу в туалет. Мои суставы намертво скованы, и каждый шаг отдается в колене стократно усилившейся болью. Следи за дыханием, часто не дыши. Когда-нибудь мы все умрем. Не строй иллюзий. А когда все закончится, сама будешь на седьмом небе от счастья, что добежала.

Знаю, Тони, хватит мне мораль читать. Да ладно, просто вспомни обо мне, когда все кончится. Ты когда-нибудь бежал марафон, Тони? Нет. Откуда же ты знаешь, что в какой-то момент человек начинает умирать? Я бегун, Нор, я знаю все эти истории, но пробежать 42 195 мне не хватит дыхалки. Тебе хватит. Это же марафон, детка моя, его ради этого и бегут, чтобы почти умереть, но все-таки не умереть.

Я бегу к финишу в мужских кроссовках, окруженная мужчинами. Но я — женщина. У женщин больше жира, чем у мужчин, а жир — это топливо. У мужчин больше мышечной силы, и от этого они бегут быстрее. Мужчина ты или женщина, в какой-то момент все резервы все равно кончатся.

Где болельщики? Почему мне никто ничего не кричит? Или они кричат, а я просто не слышу? Слух тоже отказал мне? Я вроде бегу, а вроде и не бегу. Она там будет. Будет махать флажками и кричать. Она обещала. Я буду ждать тебя у финиша. Ее собственные слова, Рози. Я хочу остановиться, но не могу. В моей голове поверх всех других мыслей горит одна, из двух слов: продолжай бежать. Эти слова молотком отзываются в голове, там все стучит и громыхает, но я продолжаю бежать. Они как молитва, может, это и есть молитва.

— Еще пятьсот метров, — кричат мне с обочины. — Давай, держись! У тебя получится!

Почему все всегда так уверены, что я справлюсь? «Ты сможешь». «В этом году чемпионом будешь ты». «Этот марафон тебе по плечу».

Может, сегодня стоит сдаться. Остановиться здесь. Хотя осталось немного. Смотрите, люди, я не живое чудо. Есть вещи, с которыми я не могу справиться. Поймите уже наконец.

Воздух вокруг меня вдруг становится разреженным. В нем кончился весь кислород. Люди на обочине больше не кричат от радости. Они начинают визжать, им тоже не вдохнуть. В голове у меня проносятся образы: лес, домик, то место, губы Рози, толстые ноги Линды. Перед глазами танцуют черные тени. Кто-то кричит, что я уже почти добежала. Это голос Рози. Еще не может быть финиш. Как же мне быть, воздуха нет, а вокруг все эти визжащие люди?

У меня кончился кислород. Как у Линды. Не поступает кровь, не поступает кислород. И ты умираешь.

Остановиться. Даже если бы я хотела, не смогу. Я всегда шла вперед. Как будто не было той собаки. И да, Линда умерла. А Рози все-таки вернулась. И Маттиа стал моим парнем.

Иногда остается только одно. Дышать. Пусть даже сердце опять бьется в ноге. Дыхание становится энергией, становится силой, которая несет мои ноги дальше и быстрее, чем считалось возможным. Но теперь это факт, это возможно.

Еще сто метров. Звуки вокруг меня вдруг перерастают в оглушительный гул. Я мельком вижу Тони. Зои. Виктора. Маму. Тео. Они пришли. Все. Я добежала. Я замечаю, что у меня по щекам текут слезы. И до сих пор очень хочется в туалет.

Лица становятся менее четкими, но не исчезают. Они мои. Они — часть меня. Я — ветер, как тогда, в первый раз у футбольного поля. И еще я — это мысли. Пульсирующая кровь. Неукротимая жизнь.

Я — Нор. Теперь уже не в стороне от всего. В центре всего.

Впервые за долгое время я смотрю на кольцо. Знаю, что оно сине-голубое.

А потом я чувствую тысячи рук, и они обнимают меня.

Литературно-художественное издание
Серия «Встречное движение»

Элс Бейртен
Беги и живи

Для старшего школьного возраста

В соответствии с Федеральным законом № 436 от 29.12.2010 года маркируется знаком 12+

Дизайн и обложка **Влады Мяконькиной**
Перевод **Екатерины Торицыной**
Литературный редактор **Наталья Калошина**
Корректоры **Надежда Власенко, Ника Максимова**
Верстка **Дмитрия Кобринского**
Ведущий редактор **Светлана Злобина-Кутявина**
Художественный редактор **Влада Мяконькина**
Главный редактор **Ирина Балахонова**

ООО «Издательский дом «Самокат»
+7 (495) 506-17-38
info@samokatbook.ru, www.samokatbook.ru

Отдел продаж
+7 (499) 922-85-95
sales@samokatbook.ru

Книги по издательским ценам можно приобрести
в интернет-магазине samokatbook.ru.

Подписано в печать 26.12.2018
Формат издания 60×84/16
Усл.-печ. л 15,35. Доп. тираж 3000 экз.
Заказ № Е-3609.

Отпечатано в полном соответствии с качеством
предоставленного электронного оригинал-макета
в типографии филиала АО «ТАТМЕДИА» «ПИК «Идел-Пресс»
420066, г. Казань, ул. Декабристов, 2
e-mail: idelpress@mail.ru